LE TAROT DU

Jardin de la Sorcière

Titre original : *Tarot of the Witch's Garden.*
Publié pour la première fois par Llewellyn Publications.

ISBN : 978-2-38135-400-2

Traduit de l'anglais par Fabrice Muracciole.

www.editions-tredaniel.com
info@guytredaniel.fr
www.facebook.com/tredanieleso
@tredaniel_eso

Sasha Graham

Illustré par Nataša Ilinčić

LE TAROT DU Jardin de la Sorcière

ÉDITIONS VÉGA

La magie est partout
Dans les feuilles et dans les arbres,
Dans les fleurs et chez les oiseaux,
Chez les blaireaux et les renards et les écureuils
Et aussi chez les humains.
Il y en a tout autour de nous dans ce jardin
Et dans le monde entier.

Frances Hodgson Burnett, *Le Jardin secret*

Sommaire

Partie 1 • Préparer le sol

Partie 2 • Planter les graines

Partie 3 • Cultiver la profondeur et le sens

Partie 4 • Récolter la magie

Introduction

La vie vous a guidée jusqu'ici... Depuis toujours, vous sentez la magie vous chatouiller comme une plume qui vous effleure le bout du nez. Vous avez créé des mondes avec vos guides spirituels, vous avez conversé avec des animaux et échangé vos énergies avec des plantes. Vous affrontez les chemins obscurs des forêts sauvages que d'autres ont peur d'emprunter. Vous regardez avec votre troisième œil et vous avez suffisamment foi en ce que votre cœur palpitant désire pour réaliser vos rêves. Par-dessus tout, vous écoutez cette petite voix intérieure que seule vous pouvez entendre. Voilà pourquoi vous êtes en face de moi à présent. Voilà la raison pour laquelle l'accès vous a été accordé.

Bienvenue dans *Le Tarot du jardin de la sorcière*. Permettez-moi de me présenter. Je suis la Magicienne (ou la Sorcière, si vous préférez) du jardin. Vous m'apercevrez sur une peinture qui me représente sur la carte n° 1. Je me suis associée aux esprits, aux animaux et aux végétaux afin de donner une seconde vie à cette terre jadis abandonnée. Ce paysage enchanté a été conçu par des êtres magiques qui nous ressemblent.

Le jardin de la sorcière renferme des énergies archétypales animales, végétales et minérales. De merveilleuses fleurs, des morelles grimpantes et des animaux sauvages peuplent ces cartes. Des insectes volants, des créatures mythologiques et des mondes infinis de manifestation y abondent. Dans ce tarot, tout est vivant, dynamique et prêt à nourrir la vitalité qui vous anime.

Laissez ce tarot devenir un champ expérimental des possibles. Ici, vous pouvez évaluer des possibilités et des idées avant de les laisser s'épanouir dans la vie réelle. Certaines des cartes prennent l'apparence de rêves. D'autres prennent leur envol tels des papillons épris de liberté et d'indépendance. Faites preuve de patience envers les cartes. Faites preuve de patience envers vous-même. Vous aurez parfois l'impression d'essayer de faire parler un mur. D'autres fois, les informations vous arriveront sans entrave. Tirer le tarot requiert de la pratique. Replongez-vous-y de manière régulière afin de développer vos compétences. Comme nous, les jardins sont des êtres assujettis à des cycles. Tout ce qui réside dans le jardin de la sorcière n'est pas forcément parfait ou bienveillant. Les jardins sont à l'image du monde et renferment toutes les possibilités, les enseignements et les défis, et même les parts d'ombre que l'on préférerait éviter mais que l'on finit par affronter un jour ou l'autre. Une chose est sûre : le jardin et le tarot nous ramènent inéluctablement vers nous-mêmes.

En tant que personne qui lit les tarots, vous êtes à la fois sorcière et exploratrice du jardin. Une sorcière digne de ce nom ne cherche pas à manipuler les autres. Elle exerce sa magie sur elle-même. Une sorcière plonge dans le mystère dès qu'elle en a l'occasion. À vous d'apprécier ce jardin et de l'entretenir. Vous vous apercevrez que vous incarnerez le rôle de chaque carte, car le tarot est votre miroir. Ajustez votre vision des choses. Parfois, vous êtes dans la carte. D'autres fois, vous êtes la main bienveillante qui guide les énergies, les animaux et les gens vers ce que désire leur cœur.

La magie est bien réelle. Son énergie vive est aussi brillante que le soleil et aussi mystérieuse que la lune, en juillet. Tout ce que vous entreprenez est imprégné de cette électricité frémissante. Elle coule dans vos veines pour vous remplir de beauté, d'amour et d'extase. La magie est un état d'existence tellement normal qu'elle passe souvent inaperçue pour ceux qui n'ont pas d'yeux pour la voir. Même les plus connectés d'entre nous ignorent parfois à quel point notre pouvoir est efficace. La magie opère lorsque l'authentique essence de qui vous êtes s'aligne sur l'énergie en expansion de l'univers.

Le tarot est un portail magique. Ses archétypes et ses symboles agissent comme un principe organisateur pour les pensées qui se bousculent dans l'arène chaotique de l'esprit. Le tarot vous offre l'opportunité de prendre du recul, d'évaluer les possibilités et de faire un choix en pleine conscience, modifiant ainsi votre destin.

Cultiver l'émerveillement dans la vie apporte autant de satisfaction que cueillir des fleurs des champs. Les règles de la magie sont les mêmes que celles du jardinage ; elles proviennent de la même source. Les graines déposées dans l'âme de votre âme sont destinées à pousser tout comme les graines de fleurs, de concombre et de citrouille. Les parterres fleuris ont besoin de soleil, d'eau et d'espace pour pousser. Les graines magiques qui sont en vous sont cultivées avec la lumière de l'intention, arrosées par l'impulsion de l'émotion, et poussent dans l'espace sacré de la gratitude et de la compassion.

Écoutez le silence. Créez un espace vide. Il renferme tous les potentiels. Si vous observez attentivement, l'espace à l'intérieur et autour de vous vous dira ce qu'il souhaite devenir. Les limites encouragent l'énergie de la manifestation. Créez une bordure autour de votre magie comme vous le feriez avec un parterre de mufliers. Plantez des graines en respectant les cycles de la nature. Utilisez l'attention comme un outil d'entretien, mais n'interférez pas avec la façon dont la magie se déploie et n'essayez pas de précipiter les choses. Ayez confiance. Tout arrive au bon moment.

Chacun de nous est le point central d'un univers magique. Afin de trouver les étincelles de magie, concentrez-vous sur ce à quoi vous aspirez. Nos talents, nos passions et nos centres d'intérêt nous orientent dans la bonne direction. Le tarot est l'outil idéal pour accéder à ces trésors. Écoutez le chant des cartes et préparez-vous à ce qu'elles mettent en lumière ce que vous préféreriez éviter. Faites preuve de courage face à vos cartes. Recherchez les informations et la clarté que vous ne possédez pas déjà. Nous venons au tarot dans le but de découvrir ce que nous ne savons pas. N'ayez jamais peur de vous tromper avec les cartes. Tout ce dont vous avez besoin pour une pratique riche du tarot repose enfoui en vous. Il vous suffit de le découvrir.

Comment utiliser ces secrets

Ce livre est divisé en quatre parties. Si vous êtes novice, lisez ce livre jusqu'au bout. Il vous offre toutes les informations dont vous aurez besoin pour travailler avec les cartes. Si vous avez déjà une certaine habitude du tarot, ces secrets peuvent révéler de nouvelles idées qui viendront insuffler une nouvelle énergie dans l'animation de vos tirages habituels.

La première partie est consacrée à l'entretien du sol et à la préparation d'une pratique personnelle du tarot. Elle contient des instructions simples et les bases de la tarologie. Dans la deuxième partie, nous nous intéresserons à la plantation des graines magiques et puissantes dans votre inconscient qui renforceront vos compétences en matière de tirage. La troisième partie concerne la culture de la profondeur et de la signification, à travers une explication détaillée du tarot, carte après carte. Vous trouverez le titre de la carte, un mot-clé et sa correspondance vis-à-vis de l'Ordre hermétique de l'Aube dorée, ainsi qu'un petit poème de sorcière pour les sorts et la profondeur de l'archétype. Vous trouverez les significations et les mots-clés concernant les cartes lues à l'endroit et à l'envers. Les cartes inversées sont souvent accueillies avec consternation par celles et ceux qui effectuent les tirages et les consultants. Un élixir magique a été inclus afin de guérir les blessures infligées par les cartes inversées. L'inversion peut être corrigée en posant une question suggérée. Retournez une nouvelle carte pour glaner votre réponse. Dans la quatrième partie, il est question de la récolte des tirages de tarot et de sortilèges séduisants.

Prenez-moi la main, allons plus loin dans le jardin, ma petite sorcière. Nous allons nous enfoncer dans la terre et voir quelles potions, quels élixirs et quelles divinations nous pouvons créer. Le monde porte votre empreinte. Tout réagit à votre contact. Rien n'est gaspillé dans le jardin comme dans votre vie précieuse. Je vous promets qu'une fois que nous aurons terminé, vous traverserez les champs sur votre balai en jetant sur le monde le sort de qui vous êtes au-delà des murs du jardin.

Règles de la magie du jardin

Tout est énergie.

La nature parle si vous l'écoutez.

Dégagez l'espace et fixez des limites.

Soyez présente et mettez du cœur
à l'ouvrage.

Partie 1

Préparer le sol

La terre est la base du jardin, et un jardin prospère nécessite un sol sain. La pratique du tarot a également besoin d'un socle sain. Vous trouverez ici les bases des cartes. C'est dans la terre que le corps, le moi et l'âme doivent se trouver ancrés chaque fois que vous travaillez avec les cartes. Prenez un moment pour faire le vide dans votre esprit et concentrez-vous sur votre respiration. Imaginez que la plante de vos pieds s'enracine dans le sol. Cet enracinement vous gardera ancrée lorsque vous vous envolerez avec les cartes. Plus bas, le paysage de l'imagination se déploiera et s'étendra à chaque utilisation du tarot.

Manipulation et entretien des cartes

Le tarot est un outil sacré et un compagnon de confiance. Les cartes représentent soixante-dix-huit aspects du moi. Elles scintillent comme les facettes d'une pierre précieuse. Plus vous prenez soin de vos cartes, plus leur guidance devient directe et efficace. *Le Tarot du jardin de la sorcière* est une source de pouvoir. Employez-le pour votre développement personnel et spirituel.

Une pratique magique du tarot obéit aux mêmes règles et exigences que toutes les autres relations personnelles. Apprendre à connaître le tarot, c'est comme commencer une nouvelle amitié. Aménagez du temps pour vous-même et pour la pratique du tarot. Faites le vide dans votre esprit et concentrez-vous sur ce que les cartes expriment. Faites-les glisser entre vos mains. Examinez chaque image l'une après l'autre. Faites connaissance en observant les illustrations sans poser de questions.

Rituel sacré

Pour établir un lien, allumez un cône, un bouquet d'herbes séchées ou un bâton d'encens. La fumée est régie par l'élément de l'air. Elle ouvre notre conscience au monde céleste tout en établissant des liens avec le monde spirituel et archétypal. Faites passer chaque carte à travers la fumée. D'un regard doux, absorbez les images, les couleurs et l'énergie des cartes.

Prenez vos cartes avec vous quand vous allez au lit. Créez une connexion au niveau de l'inconscient en glissant les cartes sous votre oreiller. Posez-les sur votre table de nuit.

Tirez une seule carte et notez-la dans votre journal. Regardez vos cartes avant de vous endormir et invitez une carte spécifique dans vos rêves nocturnes.

Le Tarot du jardin de la sorcière s'aligne sur l'énergie de la nature. Insufflez un pouvoir intuitif et psychique à vos cartes en le plaçant près d'une fenêtre, sous le voile diaphane de la pleine lune.

Imprégnez-le de potentiel et de renouveau en faisant de même lors d'une nouvelle lune. Remplissez le tarot d'une énergie d'expansion et de joie en le plaçant près d'une fenêtre afin qu'il absorbe l'énergie solaire par une journée ensoleillée.

Comment conserver les cartes ?

Elles peuvent être laissées à l'air libre ou être soigneusement cachées. En laissant les cartes sur une table, un support ou un autel, vous pouvez les examiner à tout moment. Elles seront à portée de main pour des questions ou des consultations rapides.

Souvent, les tarologues aiment protéger leur tarot des énergies, des personnes et des influences qui rôdent. Pour préserver les cartes, enveloppez-les dans un tissu de soie afin de les protéger lorsqu'elles ne sont pas utilisées. Rangez-les dans un sac en velours doux, un coffret en bois sculpté ou un livre de rangement secret. Vous pouvez glisser des cristaux, des herbes aromatiques et des talismans dans le sac ou la boîte de tarot.

Décidez à l'avance qui touchera votre tarot. Certains tarologues protègent les vibrations de leur paquet en ne permettant à personne d'autre de toucher les soixante-dix-huit cartes. D'autres aiment que leurs clients mélangent les cartes pendant le tirage afin d'imprégner celles-ci de la question posée. Les tarologues conservent souvent un paquet exclusivement réservé à leur usage privé et un supplémentaire pour les tirages publics. Il n'y a pas de bonne ou de mauvaise méthode, tout est question de préférences personnelles. Vous pouvez toujours changer d'avis.

Grimoire du tarot

Un grimoire est un livre qui contient les sorts d'une sorcière. Il s'agit d'un recueil personnel d'expériences magiques. Le tarot est un livre de magie dont les pages changent à chaque fois qu'on les mélange. Il est fortement recommandé de conserver un grimoire de tarot. Poser sur papier l'information reçue des cartes permet au lecteur de la traiter. On pourra conserver les messages spécifiques et leur signification. Utilisez-le pour marquer vos succès intuitifs et psychiques. Gardez une trace des synchronicités et des résultats magiques. Notez des observations et des tirages de tarot qui se sont révélés efficaces.

Un grimoire de tarot peut être tout simple, avec des notes de référence succinctes, ou très détaillées. Les grimoires décorés contiennent des archives de toutes les expériences magiques. Attribuez une page à chaque carte, une section aux tirages de tarot et aux sorts, conservez-y croquis des cartes, notes, poèmes et questions. Décrivez les événements qui se déroulent pendant les méditations de tarot. Consacrez un moment à la notation de vos inspirations et idées de manière quotidienne.

Bases du tirage du tarot

L'art de tirer le tarot est un mélange d'observation, d'intuition et de narration. Il n'y a pas deux tirages identiques. Chaque personne tire le tarot de manière unique. Un style de tirage est toujours spécifique à la personne qui tire les cartes et à sa sensibilité unique. Allez-y lentement. Prenez votre temps.

Les tirages sont l'occasion de favoriser le flux intuitif et d'exercer vos muscles psychiques. Les succès psychiques peuvent être définis comme des informations venant de l'extérieur du corps. Un éclair psychique ressemble souvent à une information vous arrivant comme une bulle de savon qui vous éclate dans la tête. Ne soyez pas surprise si vous faites l'expérience d'un éclair psychique qui se confirme après votre tirage. Inversement, ne vous découragez pas si cela ne se produit pas immédiatement. Les informations psychiques provenant du monde extérieur sont douées d'une intelligence qui leur est propre. Elles échappent généralement à notre contrôle.

L'intuition est un savoir tout en douceur, un fleuve qui coule à travers le corps sans interruption.

L'intuition se manifeste sous la forme d'une connaissance intérieure rapide et immédiate lors d'un tirage. Les informations intuitives viennent de l'intérieur. Les archétypes, les symboles et les couleurs du tarot dépassent les frontières linguistiques et s'adressent directement au moi intuitif.

Vous êtes la tarologue si c'est vous qui tirez les cartes pour vous-même ou pour une autre personne. Si vous tirez les cartes pour quelqu'un d'autre, cette personne est appelée le consultant ou le client. Les cartes de tarot sont toujours positionnées face à la personne qui les interprète.

Il est essentiel de poser des questions réfléchies lors d'un tirage. Les questions qui font avancer offrent une voie directe vers les solutions les plus abouties et les plus créatives. Poser des questions ouvre grand la porte du champ des possibles. Les questions intelligentes aident le cerveau, le cœur et les tripes à fonctionner avec clarté.

De bonnes questions mettent en évidence le rôle qu'une personne a à jouer dans son propre avenir et affirme le résultat souhaité. Des questions commençant par « comment » ou « que » reconnaissent le pouvoir de l'individu. *Comment puis-je attirer à moi une relation amoureuse saine ? Que puis-je faire pour améliorer ma situation financière ? Comment puis-je m'aligner sur mon moi supérieur ?*

Pour lire les cartes, vous pouvez soit formuler une question et tirer une seule carte pour y répondre, soit choisir de disposer les cartes selon une méthode de tirage. Les tirages de tarot impliquent de placer les cartes à des positions spécifiques afin de répondre à plusieurs aspects d'une question. Par exemple, si l'on choisit le tirage bien connu à trois cartes (passé, présent et futur), la personne qui interprète les cartes doit formuler une question et tirer une seule carte pour y répondre. *Comment puis-je retrouver la sérénité dans ma relation avec X ?* Les trois cartes d'un tirage à trois cartes éclairent le passé, le présent et l'avenir le plus probable si l'on ne change rien.

Mélangez le paquet avant de tirer les cartes. La méthode utilisée pour battre les cartes n'a aucune importance tant qu'elles sont mélangées. Mélangez-les face cachée sur la table ou battez-les comme le ferait un croupier de casino.

Conseil : Prenez note de toute carte qui sauterait ou qui tomberait au sol pendant que vous les mélangez. Ces cartes « sauteuses » peuvent être conservées et interprétées à la fin du tirage. Une carte « sauteuse » est un message à la fois inattendu et urgent du tarot pour la personne qui lit les cartes.

Une fois que vous avez fini de battre les cartes, placez-les dans une pile, face vers le bas.

Retournez le nombre de cartes souhaité de gauche à droite, comme si vous ouvriez les pages d'un livre, et placez-les dans la position souhaitée.

Il est important de tirer les cartes de gauche à droite afin que la mémoire des muscles de votre main s'en imprègne. Une fois que vous en aurez l'habitude, vous saurez sans hésiter si la carte qui a été tirée est à l'endroit ou à l'envers.

Les cartes inversées apparaissent à l'envers à la personne qui fait le tirage.

Ne prêtez pas attention aux cartes inversées avant d'en avoir intégré la signification. Remettez une carte inversée à l'endroit. Continuez le tirage. Il est envisageable de laisser les cartes inversées telles qu'elles apparaissent et de les interpréter selon votre intuition.

Une fois que la personne qui fait le tirage est prête à intégrer les cartes inversées, celles-ci peuvent être lues de plusieurs façons. Une carte à l'envers peut signifier l'opposé de ce que la carte veut normalement dire, elle peut signaler des blocages énergétiques, avertir que les cartes nécessitent une attention particulière ou des problèmes relatifs au *shadow work*[1] que vous évitez spontanément mais que vous devriez affronter. Peu importe la manière dont les cartes inversées sont lues. Il est cependant important de décider de quelle façon vous choisirez de les traiter avant de les étaler.

Lire le tarot immédiatement

La peur de se tromper est le plus grand obstacle pour toute personne qui souhaite lire le tarot. N'ayez pas peur de vous tromper. La peur est capable de créer des barrières insurmontables. Le tarot est-il imprégné de centaines

1. Pratique visant à explorer la part d'ombre en chacun de nous. (NdT)

d'années de théories ésotériques et d'une signification riche et hautement structurée ? Oui. Est-ce quelque chose à étudier afin d'ajouter de la profondeur et de la richesse aux tirages ? Absolument. Toutes ces informations sont-elles nécessaires maintenant ? Pas du tout ! Allez-y doucement.

Faites confiance à ce qui se trouve devant vous. Personne ne voit, ne ressent et ne vit le monde comme vous. Le pouvoir du tarot réside dans la nature abstraite du symbole.

Les symboles sont subjectifs. Chaque être humain porte en lui un dictionnaire symbolique qui lui est propre. Les symboles de base, des images comme le soleil, la lune ou un crâne, ont une signification universelle et culturelle. Des concepts plus étoffés comme les amants, la mère et le père sont des archétypes et sont donc ancrés dans toutes les cultures. Pourtant, l'interprétation d'un symbole est propre à chaque personne qui lit les cartes. Si le symbole d'une carte touche une corde sensible en vous, c'est qu'il a une signification. C'est votre billet gagnant. C'est votre message.

Un message apparaît dès que vous discernez un élément ou une histoire à partir d'une carte. Cela peut faire penser à ce que l'on ressent en apercevant un séduisant inconnu dans une salle bondée. Quelque chose prend vie dans votre corps. Utilisez cette étincelle en déterminant ce que le message peut signifier dans le contexte de la question posée. Examinez le symbole. Si le geste d'un personnage attire votre attention, réfléchissez à ce qu'il signifie pour vous. Si vous étiez un personnage de la carte, lequel seriez-vous ? Inventez une histoire autour d'une carte comme si vous lisiez un livre d'images à un enfant. Quel est le message de la carte ?

Pratique quotidienne

Tirer une carte par jour est un exercice à la fois simple et riche de sens. Cela nécessite seulement quelques minutes par jour. Formulez une question et choisissez une carte. Consacrez quelques instants à la contemplation du sens et du message. Intégrez le tirage d'une seule carte à votre routine quotidienne. La pratique quotidienne porte ses fruits lorsque les conseils clairs et précis glanés à travers les cartes se répercutent dans les décisions de la vie de tous les jours.

Faites le vide dans votre esprit. Formulez une question. Fermez les yeux. Prenez trois inspirations et trois expirations profondes. Mélangez les cartes. Posez la question suivante : « Qu'ai-je besoin de savoir ? » Retournez la carte du dessus et accueillez l'image. Laissez-vous imprégner par l'histoire, l'observation ou l'impression que vous procure la carte. Notez le message intuitif que vous avez reçu.

Revenez à la carte du jour plus tard dans la soirée ou avant de vous coucher. Quel est le lien entre la carte et les événements qui se sont produits au cours de la journée ? Avez-vous fait l'expérience d'une synchronicité ? Votre intuition a-t-elle vu juste ? La carte a-t-elle pris un nouveau sens à la lumière de ce que vous avez vécu dans la journée ? Avez-vous eu l'impression d'incarner l'énergie de la carte à un moment ou à un autre ? Avez-vous rencontré quelqu'un qui correspondait à l'énergie de la carte ? Une situation s'est-elle déroulée selon le sens général de la carte ? Notez bien vos observations et vos idées dans votre grimoire.

Partie 2

Planter les graines

Une fois que la plate-bande et le sol ont été préparés, le moment est venu de planter les graines. Elles contiennent de minuscules racines cachées en elles. Une fois que les racines prennent, la plante utilise son intelligence innée afin de devenir ce qu'elle est destinée à devenir. Il en va de même pour la magie personnelle et la pratique du tarot.

Cette partie vous propose des éléments de base afin de vous aider à comprendre ce que signifient les cartes et comment elles s'inscrivent dans la structure du tarot. Utilisez et intégrez ces informations à votre façon. Chaque individu a sa manière unique et personnelle de lire et d'interpréter le tarot. Plus vous vous plongerez dans les profondeurs des cartes, plus vous verrez de choses. Apprenez autant de techniques et de systèmes que vous le pouvez.

Déconstruisez le paquet en retirant les cartes présentées dans les sections suivantes. Disposez les cartes dans l'ordre. Examinez-les en détail afin d'apprendre comment elles s'articulent les unes par rapport aux autres en tant que système global.

Les arcanes majeurs

Les soixante-dix-huit cartes du tarot sont réparties entre les arcanes majeurs et les arcanes mineurs. Le mot « arcane » signifie secret. L'ensemble du tarot est divisé en secrets majeurs et secrets mineurs. Les arcanes majeurs sont numérotés de zéro à vingt et un, de la Folle au Monde. Les arcanes majeurs représentent les moments importants de la vie.

Ils dépeignent l'histoire du voyage de la sorcière.

Le voyage de la sorcière consiste en l'initiation de l'apprentissage et l'expérience qui mène à l'expansion et à l'évolution de l'âme.

La sorcière découvre sa véritable nature et comment elle interagit avec les dimensions émotionnelle, intellectuelle, physique et spirituelle de la vie. Il s'agit d'un voyage fait de cycles qui se terminent et recommencent plusieurs fois au cours de la vie d'une sorcière. Le voyage d'une sorcière a la même constance que les saisons de l'année et suit le même rythme que les cycles de la lune qui caressent la Terre. Bon voyage !

Le voyage terrestre de la sorcière

La Folle – Le Chariot

La Folle porte le numéro zéro car en elle résident toutes les choses. Les cartes de un à sept reflètent le voyage terrestre et la formation de la personnalité. La Folle est l'intelligence active et le principe qui anime la sorcière. Elle part en quête d'aventures et d'expériences. La Folle rencontre une série de personnalités, toutes plus intrigantes les unes que les autres, et apprend de chacune d'entre elles : une Magicienne charismatique, une Grande Prêtresse mystérieuse, une Impératrice expressive, un Empereur imposant et une Hiérophante pédagogue. La Folle explore la carte des Amoureux, extatique et passionnée, et poursuit son chemin à bord du Chariot. Le voyage terrestre s'achève et le voyage spirituel commence.

Le voyage spirituel de la sorcière

La Force – La Tempérance

La Folle découvre le monde intérieur de l'esprit et de l'âme qui s'étend au-delà du corps physique et provoque l'activité de l'imagination. Le pouvoir est reçu avec la Force ; l'Hermite examine la nature de l'âme. La Roue incarne les mécanismes mystiques de la réalité. La Justice dévoile les desseins supérieurs. La Folle contemple et intègre toutes les leçons avec la Pendue, pour tout perdre dans la Mort. Arrivée à la Tempérance, la Folle recommence avec un niveau de compréhension plus élevé.

Le voyage céleste de la sorcière

La Diablesse – Le Monde

Après avoir surmonté et affronté ses peurs profondes et les inhibitions qui l'habitent avec la Diablesse, la Folle s'affranchit de tout attachement et de toute envie de contrôler l'incontrôlable avec la Tour. Désormais libérée, la Folle commence son ascension vers les cieux, comme l'indiquent les cartes de l'Étoile, de la Lune et du Soleil. Le Jugement lui impose une dernière épreuve. La Folle se montre à la hauteur de celle-ci et, avec la carte du Monde, elle accède à un état de transcendance, la plus grande récompense qui soit.

Les arcanes mineurs

Les arcanes mineurs sont le reflet des moments de la vie quotidienne. Alors que les arcanes majeurs ont tendance à bouleverser l'âme, les arcanes mineurs sont les tenants et les aboutissants de la vie ordinaire. Ils sont composés des quatre suites et des cartes des figures correspondantes.

Épées : air

As à 10, servante, cavalière, reine et roi d'Épées

Les Épées représentent les pensées, les idées et les histoires. Elles sont la voix intérieure et la voix extérieure. Les Épées reflètent la façon dont une personne perçoit son rôle dans le monde et sa façon de penser. Les Épées sont les décisions, la façon dont une personne s'adresse aux autres, la façon dont les mots et les opinions des autres affectent l'individu. Les Épées représentent la qualité de l'esprit. Elles correspondent à l'élément air. L'air se déplace aussi vite que l'esprit. C'est la qualité du vent pendant une tempête de pensées. C'est l'oxygène de l'air qui remplit les poumons et le rythme de la respiration, en fonction de comment chacun perçoit ce qui lui arrive. Une épée fend rapidement l'air. Les Épées, comme les mots, peuvent blesser ou protéger. Les Épées sont souvent la suite la plus effrayante du tarot car c'est là que les jugements personnels naissent. Les Épées reflètent la voix intérieure de la sorcière.

Coupes : eau

As à 10, servante, cavalière, reine et roi de Coupes

Les Coupes reflètent les sentiments, l'imagination et les rêves. Elles dénotent l'appréciation de l'art, de l'amour et de la beauté. Les Coupes contiennent tout le spectre émotionnel, de la rage colérique à l'amour inconditionnel. Les Coupes sont les hauts et les bas émotionnels, les sentiments d'obscurité totale et de lumière aveuglante. Les Coupes sont la source de la compassion d'où jaillissent l'empathie et l'amour.

Les Coupes suivent la nature émotionnelle et changeante de l'eau, de l'étang tranquille du contentement aux mers déchaînées du chagrin d'amour. L'élément de l'eau correspond aux sentiments qui coulent à flots comme une rivière, aux nuages de l'imagination et aux fantasmes vaporeux. Les Coupes contiennent la glace accablante de la honte, la neige de l'émerveillement qui tombe et la douce pluie de l'extase. Les Coupes peuvent être remplies de n'importe quelle émotion.

Bâtons : feu

As à 10, servante, cavalière, reine et roi de Bâtons

Les Bâtons représentent l'énergie, la passion et la virilité. Ils reflètent le désir, les histoires d'amour et la carrière. Les Bâtons nous parlent d'intentions, de croyances et de divinité. Les Bâtons sont la chaleur de l'intensité, le feu intérieur qui anime les objectifs et la dévotion spirituelle. Les Bâtons dépendent de l'élément feu et imitent le soleil lui-même.

Toutes les choses germent et se développent grâce à l'intervention de l'énergie solaire. Les flammes qui crépitent et consument entretiennent la vie en réchauffant le corps et en cuisant les aliments. Les Bâtons sont la braise du désir et les charbons ardents de la passion.

Ce symbole renvoie à la baguette magique de la lanceuse de sorts.

Deniers : terre

As à 10, servante, cavalière, reine et roi de Deniers

Les Deniers reflètent tout ce qui est vu, senti, ressenti, goûté et touché dans le monde physique. Les Deniers représentent les amis, la famille et les animaux de compagnie, ainsi que la maison et le foyer, les finances personnelles et les ressources. Les Deniers sont la nourriture que nous préparons et consommons chaque soir – la chair, le sang, et les os du corps. Les Deniers sont tout ce qui peut être mesuré et compté. Les Deniers correspondent à l'élément terre. Ils représentent la sécurité que procurent le terreau fertile et le compost. Les Deniers sont les plaques tectoniques du changement et de la manipulation des projets dans la matière. Un Denier est de forme circulaire comme les molécules qui composent toute matière terrestre.

Cartes royales

Servantes, cavalières, reines et rois

Les cartes royales reflètent les aspects du soi, de la psyché et de la personnalité.

Elles représentent les différents rôles que nous assumons les uns après les autres au cours d'une journée. Elles incarnent des personnes. Il s'agit de soi, des amis, de la famille et des collègues de travail. Les cartes royales représentent les personnes auprès desquelles vous vous engagez, les enfants dont vous vous occupez, les inconnus croisés dans la rue. Ce sont des personnages dans des films, des pièces de théâtre et des romans. Les cartes royales offrent des stratégies et des attitudes concernant toute tâche à accomplir.

Les cartes royales sont souvent sexuées. Il est utile de penser aux cartes royales en termes d'énergie. Il y a en chaque individu des énergies masculines et féminines, jeunes et mûres, qui peuvent être équilibrées ou accentuées selon les besoins tout au long de la journée, en fonction des préférences et des circonstances.

- Les servantes sont investies de l'énergie de l'enfance.
- Les cavalières sont investies de l'énergie de l'adolescence.
- Les reines sont investies de l'énergie féminine mûre.
- Les rois sont investis de l'énergie masculine mûre.

Tarot et astrologie

De tout temps, les agriculteurs ont utilisé les énergies célestes pour optimiser les semailles et les récoltes. Les cultures fruitières (telles que le maïs et les tomates) prospèrent lorsqu'elles sont plantées pendant la lune croissante alors que les bulbes à fleurs et les légumes racines (tels que carottes et betteraves) préfèrent être plantés lors de la lune décroissante.

L'attraction gravitationnelle de la lune influe sur le développement des racines. Les magiciens occidentaux attribuent depuis longtemps des correspondances astrologiques à chaque légume, fruit, aromate et fleur existant. Le tarot a également ses propres associations astrologiques.

Les associations astrologiques modernes du tarot ont été attribuées par une société secrète d'artistes, d'intellectuels et de magiciens appelée l'Ordre hermétique de l'Aube dorée. Cet ordre s'est formé à Londres au tournant du vingtième siècle. Parmi ses membres, elle comptait l'auteur Bram Stoker, l'icône littéraire W. B. Yeats et les créateurs du tarot Rider-Waite-Smith, l'occultiste Arthur Edward Waite et l'artiste graphique Pamela Colman Smith. Le groupe a organisé sa pratique de la magie autour des principes du tarot. L'Aube dorée a modifié la structure du tarot (en inversant les positions traditionnelles de la Force et de la Justice) afin d'intégrer les arcanes dans leur système astrologique avec une symétrie presque parfaite. Les associations astrologiques de ce livre suivent les correspondances établies par l'Ordre. Vous trouverez l'association astrologique de chaque carte sous le mot-clé de celle-ci.

Tarot et numérologie

Les chiffres et les modèles sont utiles pour interpréter la signification des cartes.

Tout comme un noyau de pêche traverse progressivement des étapes de croissance puis devient un arbre, les nombres du tarot expriment la façon dont une situation se développe.

Les chiffres offrent un raccourci pour la lecture et l'interprétation.

Le numéro de la carte décrit l'état de la situation et son évolution. Tout ce que la personne qui tire les cartes a à faire est de regarder le nombre et d'inclure la qualité de la suite. Par exemple, un tirage contenant plusieurs as suggère une multitude de nouvelles idées et d'options. Les deux et trois suggèrent les étapes initiales d'un cycle. Inversement, un tirage contenant de nombreux dix suggère que la situation arrive à sa fin. Les huit et les neuf reflètent l'aboutissement. Les cinq représentent la moitié d'un cycle et suggèrent les difficultés à surmonter ou des défis à relever.

- 1 = nouveaux départs et idées fraîches : la graine
- 2 = choix à faire avant d'aller de l'avant : la tige qui germe
- 3 = la créativité et la coopération sont nécessaires : les feuilles et les vrilles
- 4 = la stabilité vous soutient : des racines saines s'établissent
- 5 = défis et conflits : sécheresse, tempêtes, maladies
- 6 = les cadeaux et les bons sentiments abondent : la première floraison

- 7 = chance inouïe et synchronicités en tout lieu : épanouissement inattendu
- 8 = la facilité, la fluidité et les résultats apparaissent : des plantes saines sont prêtes pour la propagation
- 9 = vous obtenez ce que vous voulez : savourer la récolte
- 10 = la situation arrive à son terme : se préparer à l'hiver

Couleurs clandestines

Une couleur peut être interprétée comme un symbole. Utilisez la couleur pour obtenir des informations concernant les énergies. C'est votre expérience personnelle qui est la clé de l'interprétation des couleurs. Le bleu ciel vous fait-il rêver ? Associez-vous la couleur violette du raisin à un contexte royal ? Le jaune vous donne-t-il envie de chanter comme un canari ? Votre sang se met-il à circuler plus vite lorsque vous apercevez un rouge flamboyant ? La couleur argent scintillant vous donne-t-elle une impression de luxe ? Réfléchissez à ce que vous ressentez à l'égard des couleurs et utilisez-les pour interpréter le message des cartes.

Exemple d'interprétation des couleurs

Voici un exemple d'interprétation de la couleur dans une carte. Une jeune fille nommée Jack demande au *Tarot du jardin de la sorcière* : « Sur quoi puis-je me concentrer pour avoir la meilleure journée qui soit ? » Elle mélange les cartes, les retourne et reçoit le trois de Bâtons.

Les tons de rose et de violet de la carte lui rappellent de douces vibrations intuitives. Son message est le suivant : « J'écoute mon moi intérieur pour alimenter ma magie aujourd'hui. Les choix qui comptent sont ceux qui jaillissent de l'intérieur. » Elle examine le reste de la carte.

Les Bâtons reflètent l'énergie. Elle voit que c'est la journée idéale pour se concentrer sur la progression. Le personnage lance un sort. Jack l'interprète comme une occasion de se lancer dans quelque chose de nouveau.

Voyages méditatifs

Apprendre à travers des tirages est utile ; cependant, afin de vraiment connaître le tarot, il faut en faire l'expérience. Effectuer une méditation tout en maintenant notre regard détaché nous permet de révéler des aspects des cartes qui, autrement, passeraient inaperçus. Tout comme méditer sur une plante aromatique ou sur une fleur vous dévoilera ses secrets, la méditation sur les cartes de tarot libère des mondes intérieurs merveilleux.

Pour méditer sur une carte de tarot, réservez-vous un moment de calme où vous ne serez pas dérangée. Débarrassez votre esprit de toute distraction. Si des pensées gênantes font irruption, prenez-en note et laissez-les partir. Prenez trois inspirations et trois expirations profondes.

Observez la carte de tarot choisie. Observez-la d'un regard détaché. Observez la qualité et la forme de l'illustration de la carte. Pénétrez plus profondément en vous aventurant dans la carte avec votre troisième œil. Que voyez-vous au-delà des bords de la carte ? Le paysage se poursuit-il ? Quels sons attirent votre attention ? Un chien aboie-t-il ou des feuilles bruissent-elles ? Sentez-vous l'odeur d'une fleur ou de la fumée de bois ? Que ressentez-vous en présence de la carte ? Réussissez-vous à toucher un bassin d'eau rafraîchissante ou à sentir les ailes d'une fée qui vous chatouillent le nez ?

Concluez la méditation en demandant un message directement au cœur de la carte.

Notez le message dans votre grimoire. Si le message ou le conseil n'a pas de sens, donnez-lui un peu de temps. Laissez-le faire son chemin plutôt que de vous précipiter pour tirer une autre carte ou d'essayer d'obtenir un message secondaire. Terminez toujours votre méditation en exprimant votre gratitude. Remerciez sincèrement le message. Traitez toujours vos cartes avec respect et courtoisie. Nous attendons beaucoup du tarot et nous ne devons pas oublier de rendre de l'énergie aux cartes, comme nous le ferions dans n'importe quelle relation.

Partie 3

Cultiver la profondeur et le sens

À présent que les graines de la pratique du tarot ont été plantées, le moment est venu de creuser, de plonger en profondeur et d'explorer chaque carte. Les soixante-dix-huit descriptions des cartes qui suivent comprennent :

- un nombre afin de faciliter les associations numérologiques
- un mot-clé unique qui renvoie directement à la signification de la carte
- une association astrologique d'après les indications de l'Aube dorée
- un sortilège, un poème et une incantation pour les sorts du tarot

- une explication : les cartes sont des puits inépuisables de sagesse et de sens ; nous vous encourageons à développer vos propres significations et à établir votre propre relation personnelle avec chaque carte
- la signification des cartes à l'endroit et à l'envers : langage visuel du tarot et interprétations centrales brièvement exposés
- Pour « rectifier l'inversion » de la carte : les cartes à l'envers sont souvent vues comme le signe d'un blocage énergétique. Si vous n'êtes pas à l'aise avec la signification de la carte à l'envers, une simple question est posée à la fin de chaque description. Tirez une deuxième carte pour y répondre. La première carte tirée vous fournira la réponse et vous donnera une idée de comment vous pouvez rectifier l'inversion.

Les arcanes majeurs

0 · La Folle

Commencement

Air

Fraîche comme la scintillante rosée

Vous étiez une fois.

Qu'importe la rudesse de la montée

Ayez foi en la destinée : franchissez le pas !

L'aventure de la sorcière commence par l'arrivée d'une mystérieuse inconnue. On l'appelle la Folle. Son apparition signale un nouveau départ. Un nouveau chapitre de l'histoire se déroule. Son chiffre est le zéro. La Folle est le reflet du plein potentiel de l'âme. La Folle est à la fois début et fin. Elle représente le champ infini des possibles. En elle réside le tarot tout entier. La Folle est le germe du tarot.

Le secret de la Folle réside en sa foi envers chaque instant qui se présente à elle. Elle tend son visage en direction de la lumière du soleil. Elle avance dans le monde sans s'inquiéter du précipice abrupt qui l'attend au bout du chemin. Son parcours se réinvente à chaque pas qu'elle fait. Il n'y a ni crainte ni appréhension à avoir. Ayez foi en votre cheminement.

La Folle ne porte pas le poids des vies antérieures. Elle ne porte que ce dont elle a besoin. La houe du jardin présage du travail à venir. La besace de cuir qui se balance suspendue à la houe contient les expériences du passé. Un livre abandonné symbolise les leçons apprises qui sont mises à la disposition du voyageur à venir.

La rose blanche d'une alchimiste orne la couverture du livre qu'elle tient. La rose blanche représente l'union des contraires qui donne naissance à une nouvelle évolution.

Le symbole de l'élément air est brodé sur sa poitrine. La manifestation est visible dans ses bottes et ses fleurs épanouies. Un chien joyeux bondit à côté d'elle, représentant la communication et la compagnie des animaux. Personne ne marche jamais seul. La Folle représente une nouvelle aventure.

À L'ENDROIT : Nouveau départ. Potentiel d'épanouissement. Liberté et voyage. Innocence et optimisme. Comportement inhabituel et sot. Personne de l'extérieur. Nouveau chapitre.

À L'ENVERS : Aveuglement. Ignorance. Immature. Imprudent. Indiscret. Irresponsable.

• • • • • •

Pour rectifier l'inversion, posez la question :
Comment puis-je recommencer ?

I · La Magicienne

Expertise

Mercure

Dans les airs comme sous la terre

Les élémentaux imprègnent l'été de lumière.

D'un doigt en l'air, le sort est pérenne

La sorcellerie coule dans vos veines.

De la vieille carcasse d'une ferme délabrée, sur une terre aride et poussiéreuse, j'ai fait apparaître le jardin de la sorcière. Par mes soins, ma dévotion et mes enchantements, j'ai transformé avec amour une terre jadis morte en des champs et une forêt fertiles. Le jardin est ouvert aux cœurs curieux, à ceux en recherche de guérison et à quiconque embrasse les mystères de l'amour. Je me tiens debout derrière une table gravée sculptée dans du bois de pommier qui me sert à la divination, la voyance et les sortilèges de guérison. Mes outils symbolisent les quatre suites – les Épées, les Deniers, les Coupes et les Bâtons – et attendent mes incantations.

Ma main droite est tendue vers le ciel. Ma main gauche transmute cette énergie en lis blancs.

Autour de la taille, je porte une ceinture en forme de serpent, rouge comme les roses autour de moi, qui renvoie à l'amour féroce et transformateur du feu. Le serpent se mord la queue au niveau de la boucle, symbole sacré de l'infini. Le symbole de Mercure sur ma poitrine représente le don de communication et de voyager à travers les mondes.

Une liane couleur émeraude projette une lemniscate au-dessus de ma tête. C'est le reflet d'une énergie qui ne se crée ni ne se détruit mais se transforme, tout simplement. Les glyphes astrologiques sont gravés à même la table, indiquant ma capacité à tisser la toile des énergies célestes. Un chat noir, un renard, une araignée et un lézard marquent les quatre coins de l'univers.

Je suis là pour affirmer votre pouvoir et votre capacité. Vous êtes la magicienne qui a tissé le monde qui vous entoure. Apportez au monde une réponse plutôt qu'une réaction. Soyez qui vous êtes et imprégnez-vous de votre pouvoir.

À L'ENDROIT : Enthousiasme. Initiative. Charisme. Souplesse. Action puissante. « Dans les airs comme sous la terre » offre l'harmonie des cieux et de la terre. Vous êtes l'univers, l'univers est vous. Soyez celle qui fait opérer la magie.

À L'ENVERS : Arrogance. Impuissance. Mauvaise communication. Talents cachés.

• • • • • •

Pour rectifier l'inversion, posez la question :
Quel est le but de ma présence ?

II · La Grande Prêtresse

Introspection

La Lune

Réponses qui bouillonnent, eaux déferlées

Baignade dans la lueur de la lune.

Livre de la vie, quiétude nocturne

L'âme est parfaitement alignée.

Des rayons argentés de lumière lunaire vous tirent de votre profond sommeil. Suspendue dans l'air, tel un spectre – êtes-vous dans un rêve ? Vous traversez le jardin nocturne et le bord de l'eau dans un vallon secret. Une vision naît de l'étreinte de l'ombre et du brouillard. Des yeux intensément brillants percent le voile avec un délicat bourdonnement électrique.

Le regard de la Grande Prêtresse est de nature introspective. Elle incarne l'essence de l'esprit mais aussi le bruissement des feuilles, la sagesse des saules et le caractère insaisissable de l'eau. Elle est l'authenticité de l'âme. En tant que psyché révélée, la Grande Prêtresse détient toute la sagesse intérieure. Elle est le silence de la nuit et le discret chuchotement de l'intuition.

Le secret de la Grande Prêtresse est le silence. Le champ des possibles du visible et de l'invisible réside dans l'inertie. Elle est l'espace entre l'inspiration et l'expiration. Elle est l'apaisement de l'esprit avant de mélanger les cartes. Elle est la carte de l'authenticité et de tous les secrets gardés.

Son délicat vêtement de perles se liquéfie. Elle est la vasque qui contient les marées et l'essence des flots. Dès à présent, elle voyage à travers toutes les cartes reliant rivières, ruisseaux et océans. Nul obstacle ne saurait l'arrêter et son existence ignore les entraves.

Cet être lunaire se distingue par ses orteils reposant sur le reflet du croissant de lune. Couronnée d'une lune triple, elle annonce l'émergence, la manifestation et la libération. Dans sa main, elle tient un parchemin ; c'est le livre de votre vie. Le parchemin ne peut être lu. Il ne peut être que vécu. Le sceau du parchemin contient une croix, l'intersection de l'esprit invisible avec le monde physique du corps. Elle est la source de tout ce que vous avez été, tout ce que vous êtes et tout ce que vous serez.

À L'ENDROIT : Ayez confiance en votre connaissance de vous-même. Accédez à votre pouvoir intérieur. Honorez le moi sacré. Intuition. Silence. Savoir qui vous êtes. Plan d'action. Éternel. Authenticité. Mystère. Perfection. Divinité.

À L'ENVERS : Prisonnière du monde. Piégée et perdue. Perte de la foi. En décalage.

• • • • • •

Pour rectifier l'inversion, posez la question :
Qu'est-ce qui prospère en moi ?

III · L'Impératrice

Créativité

Vénus

La main d'une mère, les lèvres d'une amante

Des bébés gazouillent, lui agrippant la hanche.

L'amour créatif vous vient en abondance

Mettez de l'amour dans votre danse.

Alors que point l'aube, la lumière dorée du matin illumine votre chambre. Vous vous réveillez pour découvrir que l'on vous a préparé une théière, des toasts et de la confiture de framboise. Vous essuyez la dernière miette sur votre menton et partez vous promener, d'humeur alerte et inspirée. C'est le jour idéal pour explorer les champs de fleurs sauvages par-delà le jardin. Vous suivez le chemin en pente, bordé d'une jolie muraille sinueuse. Un saule paisible s'élève au loin et vous arrivez dans un champ de blé ondulant pour le rejoindre. Vous vous souvenez du caractère sacré que revêtent les céréales, l'abondance et les récoltes pour la déesse grecque Déméter alors qu'une silhouette vous arrête dans votre course. Vous clignez deux fois des yeux afin de vous assurer que cette vision surprenante d'une femme devant vous n'est pas le simple fruit de votre imagination. « Bonjour, dit-elle, je suis l'Impératrice. »

Le regard majestueux et omniscient de l'Impératrice vous enveloppe de la même manière que pour toutes les créatures. Elle est l'archétype de la mère qui donne littéralement et métaphoriquement naissance à toutes les choses de l'univers. Chacune des douze étoiles éblouissantes de sa couronne représente un signe du zodiaque. La marque de Vénus, planète de la beauté, de l'amour et du plaisir, orne son oreiller. Une grenade d'or au bout de sa baguette symbolise la fertilité, tout comme la douce rondeur de ce petit ventre qu'elle protège sous les plis de sa robe rouge cerise. Sa faucille symbolise l'abondance des champs et les saisons qui s'enchaînent. Son livre représente les connaissances réunies du ciel et de la terre, les secrets du monde manifesté et de tous les aspects féminins.

Le secret de sa magie est l'imagination. L'Impératrice apparaît comme une explosion de l'impulsion créatrice. L'Impératrice marque le désir, l'élégance et la sensualité. Elle incarne l'expression des gestes, l'action novatrice et une énergie en évolution infinie. Elle symbolise la capacité d'un individu à donner forme à ce qui jaillit dans son esprit et à l'accompagner jusqu'à sa naissance.

À L'ENDROIT : Abondance. Mère. Eaux maternelles. Menstruation. Compassion. Créativité. Nature. Enthousiasme. Initiative. Art. Récolte. Expansion.

À L'ENVERS : Comportement suspect. Manières incohérentes. Pensées cruelles. Les actions égoïstes cachent des pensées nées de la peur. Parentalité problématique. Blocage créatif.

• • • • • •

Pour rectifier l'inversion, posez la question :
Que puis-je entretenir ?

IV · L'Empereur

Autorité

Bélier

Marquez les frontières, délimitez le terrain

Retroussez vos manches, levez la main.

La capacité s'épanouit une fois gravée dans la pierre

Vivez votre pouvoir, jusque dans votre en chair.

Le bêlement d'une chèvre vous fait vous détourner de l'Impératrice. Vous apercevez son consort spirituel à l'autre bout du champ. Un homme d'apparence aussi solide que l'ancienne muraille de pierres sur laquelle il est assis apparaît. Vous êtes prise dans la ligne de mire de leurs regards. Sa tunique est coupée dans le même tissu que la robe de l'Impératrice.

L'Impératrice lui a ceint les cheveux d'un ruban d'or. Sa couronne est façonnée dans le bois de l'arbre de l'Impératrice. Voici l'Empereur.

L'Empereur est le consort spirituel de l'Impératrice. Il transmet une impulsion d'autorité à la créativité de l'Impératrice. L'énergie de l'Empereur donne forme à l'expansion illimitée de la créativité. Chaque tableau nécessite une toile. Il est la cadence musicale, la musculature poétique et la structure moléculaire de la nature. Le couple reflète le yin et le yang, l'inspiration et l'expiration, ainsi que la nature rythmique de l'expression et de la formation. Son action est liée aux anciens rites des augures romains et étrusques. Établir des limites, tel est le secret de l'Empereur.

Il trace une ligne dans le sable avec son bâton. Ce geste marque la protection de l'espace personnel, la puissance de l'habitude et le recours à une autorité ferme lorsque c'est nécessaire. Son bâton est en forme d'ankh, le symbole égyptien de la vie éternelle. La vision et la vue de l'Empereur sont incarnées par l'aigle royal sur son épaule. Son ambition et son indépendance apparaissent sous la forme d'une chèvre irlandaise. Sa main droite tient une grenade d'or, identique au fruit brillant du sceptre de l'Impératrice. Ce symbole reflète leur alliance spirituelle. Sa force vient de sa volonté de s'adapter et de s'ajuster. La flexibilité de l'Empereur est à l'origine de son pouvoir. Il est assis sur une muraille de pierres mais ses limites ne sont pas gravées dans la pierre. L'Empereur les ajuste en fonction des besoins.

À L'ENDROIT : Fixer ses objectifs. Adopter de puissantes habitudes. Être fermement souverain. Faire preuve de capacité à diriger. Créer un ensemble souple de règles. Pratiquer l'autodiscipline. Protéger le moi. La situation actuelle exige du sérieux.

À L'ENVERS : Problèmes liés au père. Impulsion dominatrice. Décisions arbitraires. Indécision obstinée.

• • • • • •

Pour rectifier l'inversion, posez la question :
Comment puis-je faire preuve de souplesse en ce moment ?

V · L'Hiérophante

Conseiller

Taureau

Utilisez la clé, déverrouillez la porte

Dénouez le mystère, voyez ce qu'il apporte.

D'une vie bien vécue, le temps s'exprime

Et les leçons se cachent dans la rime.

Un sentier moussu d'herbe et de thym rampant vous ramène au jardin. Vous marchez lentement, méditant sur tout ce que vous avez vu depuis votre arrivée. D'épais rosiers grimpants écarlates s'étendent sur le mur. Le feuillage est dense et la lumière du soleil ne peut pénétrer à travers les branches des arbres. Le parfum enivrant des roses vous fait tourner la tête et vous étourdit. Un chat vous effleure les chevilles puis s'élance vers le doux rire qui s'élève devant vous. Vous vous avancez et apercevez une vieille femme, une grand-mère sorcière. C'est l'Hiérophante.

L'Hiérophante ouvre sa porte à de jeunes étudiants. Son geste est de l'ordre de la métaphore puisqu'elle se tient sur le seuil entre le visible et l'invisible.

L'Hiérophante détient les mystères du collectif et est experte en matière de culture philosophique et de religion. Elle est l'enseignante qui a amassé les secrets de la magie, de la nature et de l'univers.

L'Hiérophante porte des élixirs et des potions à la taille. Sa tête est ceinte d'une couronne à trois niveaux reflétant les royaumes inférieur, moyen et supérieur. Avec la main, d'un signe traditionnel de bénédiction, elle invite ses élèves à entrer. Une clé pend à son poignet, tandis que l'écusson de sa porte est figuré par deux clés entrecroisées.

Les piliers de sa porte font référence aux piliers de l'Arbre de vie de la Kabbale. Le corps de l'Hiérophante représente la Voie du milieu de l'arbre réunissant l'intégration et la polarité combinée de la vie, de l'amour, de l'expérience et de la connaissance.

Le Jardin secret de Frances Hodgson Burnett surplombe une pile de livres. L'expérience spirituelle convient le mieux à la poésie, à la musique, à l'art et à la littérature. Les arts sont l'expression de mystères indescriptibles qui ne peuvent être expliqués ou exprimés.

Le secret de l'Hiérophante est que chaque personne est un univers en soi.

À L'ENDROIT : Enseignant et élève. L'enseignement fonctionne dans les deux sens. Apporter son aide et faire preuve de bienveillance. Traditions et rituels. Groupes et cadres éducatifs. Enseigner par l'action. Apprentissage tout au long de la vie.

À L'ENVERS : Avide de pouvoir et inflexible. Superficiel et trompeur. Absent et irresponsable.

• • • • • •

Pour rectifier l'inversion, posez la question :
Quelle leçon dois-je apprendre ?

VI · Les Amoureux

Éros

Gémeaux

Des profondeurs émeraude du verger
Sur la pomme charnue à l'éclat coquin
La passion de la rose vient le pouce piquer
Les corps s'entrelacent, ne font plus qu'un.

Vous êtes submergée d'excitation alors que vous approchez les vastes vergers du jardin. Un air moite souffle entre des fruits brillants qui alourdissent les branches. Des abeilles duveteuses parsèment du pollen en bourdonnant de fleur en fleur. Vous avez pénétré dans le champ radieux de la magie la plus recherchée pour les sortilèges. Vous venez d'entrer dans la carte des Amoureux. Les Amoureux attisent la force la plus puissante de l'univers. Une pomme violacée juteuse est croquée. La consommation de l'amour entraîne une manifestation immédiate, comme en témoignent les vignes rampantes et les vrilles des ipomées. L'on goûte à la magie de la vie la plus douce qui soit.

L'amour consensuel est transcendantal, ésotérique et métaphysique par nature. Les âmes enlacées se fluidifient, se libèrent et ne sont plus alourdies par le corps. La vue est élargie. L'amour ouvre des canaux de communication là où il n'y a pas de mots.

Le secret des Amoureux réside dans la puissance de ce qui est possible et non de ce qui est avéré. L'amour qui secoue l'âme, qui transporte, qui mord la lèvre jusqu'au sang conduit à un état d'euphorie naturelle. Les objectifs physiques, biologiques et spirituels sont incarnés. Mais nul besoin de faire le deuil de l'amour charnel lorsqu'il s'évanouit ou se transforme en autre chose. Le secret le plus précieux d'une sorcière est d'infuser l'amour passionné dans chaque nuance. Enfilez l'amour avec l'aiguille de l'intention dans chaque aspect de la vie.

À L'ENDROIT : Nouvelle idylle. Attraction et désir érotiques. Chakra racine et source de vie. Relation passionnée. Choix et vulnérabilité. Énergie dévotionnelle. Force vitale.

À L'ENVERS : Incompréhension et contradiction. Répulsion et rejet. Mauvais timing. Difficultés et défis pour les couples amoureux.

• • • • • •

Pour rectifier l'inversion, posez la question :
Comment puis-je m'aimer ?

VII · Le Chariot

Mouvement

Cancer

L'ambition entraîne le conducteur

Parcourez le monde sans aucune peur.

De leurs sabots, les destriers appellent le tonnerre

Tracez votre chemin, inspirez toute la Terre.

Le tumulte du galop et le bruit des roues en bois vous font sursauter alors que votre corps tout entier les reconnaît. Il a déjà perçu cette énergie lors de voyages, de la concrétisation de plans et de projets. Celle-ci se décuple si l'on accepte de prendre les rênes du mécanisme dynamique de l'élan. Tel est l'archétype du Chariot.

La nature symbolique du Chariot invoque l'imagination mythique. Le dais à quatre coins du Chariot reflète les quatre éléments. Le tissu céleste représente l'immensité infinie du potentiel. Les possibilités sont infinies. Le Chariot regorge de l'abondance estivale. Il révèle des talents personnels et offre des dons au monde. Il prend pour passager un esprit de la fertilité champêtre. La présence du satyre rappelle la nature magique de l'engagement. Les aides invisibles et les énergies reconquises sont attirées comme des papillons de nuit le sont vers une flamme lorsque l'on s'engage à agir. La couronne du Chariot est faite de la lumière d'étoiles. Le centre de son véhicule révèle le magnétisme lunaire des trois phases de la Lune.

C'est la capacité d'adaptation et la volonté de changer de cap lorsque les conditions l'exigent. Une paire de chevaux, l'un de couleur café, l'autre aussi pâle que les ombres lunaires, représente des forces opposées. La tension combinée crée l'énergie nécessaire pour aller de l'avant. Le secret de la carte du Chariot est l'initiative. Le Chariot marque le mouvement à travers un espace entre deux mondes. Il vole entre les frontières du connu et de l'inconnu, dès lors que l'on se lance sur un parcours d'aventure et de détermination. C'est toute l'assistance inattendue, les cadeaux et les circonstances qui surgissent pour nous aider tout au long du chemin.

À L'ENDROIT : Volonté et autodiscipline. Voyage et excitation. Victoire, succès et réussite. Certitude dans l'action même lorsque le résultat n'est pas clair. Confiance et engagement profonds.

À L'ENVERS : Lent et étouffé. Perte d'élan et mise à l'écart. Ennui languissant. Hors piste.

• • • • • •

Pour rectifier l'inversion, posez la question :
Où est-ce que je veux aller ?

VIII · La Force

Puissance

Lion

Les myrtilles brillent d'un estival éclat

Cultivez la grâce en vous, ne la retenez pas.

La force n'est pas à démontrer

Ayez confiance, vous l'incarnez.

De retour dans les bois, vous tombez sur un buisson de myrtilles. Vous mettez les baies juteuses et sucrées dans votre bouche et les faites rouler sur votre langue. Vous apercevez des silhouettes entre les branches du myrtillier et vous vous approchez pour découvrir l'archétype de la Force.

Deux oursons tout doux observent leur mère alors qu'elle laisse une humaine s'occuper de sa gueule ouverte. On voit bien les griffes acérées de la mère. Rien n'est plus dangereux que de s'interposer entre une mère ourse et ses oursons, et pourtant la Force a toute sa place ici.

Elle n'utilise pas la contrainte mais agit en douceur. Un panier empli de baies nous rappelle les bienfaits qu'il y a à canaliser nos tendances, surtout lorsqu'elles sont autodestructrices et nées de nos peurs.

Une lemniscate rayonnante au-dessus de la tête de la Force symbolise la fusion aisée des énergies. Le symbole solaire du Lion repose sur son cœur, marquant ainsi la correspondance astrologique de la carte avec l'ardeur de l'été.

La Force ouvre et ferme la gueule de la maman ourse comme une jauge.

L'énergie ne s'épanouit pas en contrôlant les autres, mais en ouvrant et en fermant nos réserves intérieures de pouvoir. La douceur est plus forte que la force brute. Le secret de la Force est la maîtrise de soi.

À L'ENDROIT : Patience et courage dans la douceur. Être plus astucieux que les autres. Endurance et force de caractère. Se servir des leçons du passé afin de forger le présent.

À L'ENVERS : Faiblesse et cruauté. Travail bâclé, empreint de paresse. Actes brutaux provenant d'un sentiment d'infériorité.

• • • • • •

Pour rectifier l'inversion, posez la question :
Comment puis-je cultiver la bienveillance envers les autres et envers moi-même ?

IX · L'Hermite

Réclusion

Vierge

La nouvelle lune tient l'obscurité nocturne

La vérité révélée à la lueur de la lanterne.

Le calme règne, les instincts sont libérés

Regardez en vous, trouvez ce que vous savez.

Le rideau velouté de la nuit tombe sur le jardin. Les senteurs de lavande et de mélisse vous mènent au cœur du jardin des plantes aromatiques et médicinales. La lumière d'un feu accueillant illumine l'herbier. Une sorcière du jardin sort de la chaumière et referme la porte derrière elle. Elle porte une cape verte protectrice, sa tête est recouverte d'un capuchon afin de protéger son savoir. La bourse de sortilèges et le bouquet d'herbes qu'elle porte à la taille reflètent les travaux de magie végétale qu'elle conduit en solitaire. Un genévrier en pot est le protecteur élémentaire de tout le savoir intérieur acquis. Elle lève la lanterne de sa sagesse tandis qu'une bande discrète de souris espiègles vient à sa rencontre.

Le secret de l'Hermite est l'introspection. Certes, les enseignants et les guides transmettent l'inspiration, des indices et un cadre, mais c'est à l'individu d'entreprendre un voyage intérieur afin de trouver des réponses. La vérité se cultive en se concentrant sur le moi intérieur.

La contemplation engendre la sagesse. La chaumière de l'Hermite symbolise l'isolement physique. C'est l'ego qui échappe aux influences, aux pensées et aux énergies de l'autre.

Le chemin vers la connaissance de soi qu'emprunte l'Hermite naît de l'introspection.

C'est le dénouement de la pensée, le savoir somatique et la dissection des émotions. La carte de l'Hermite apparaît lorsqu'il est temps de se retirer temporairement de la compagnie des autres. Cela permet à la lumière intérieure de l'inspiration d'éclairer autrui.

À L'ENDROIT : Introspection et solitude. Retrait et isolement. Prudence et exploration intérieure. Utilisation de la lumière intérieure comme un phare pour les autres.

À L'ENVERS : épuisement dû à un excès de sollicitude envers les autres. Être là pour tout le monde sauf pour soi. Se cacher, se déguiser, et fuir. Éviter ce qui doit être accueilli. Passager clandestin.

• • • • • •

Pour rectifier l'inversion, posez la question :
Comment puis-je me faire passer en premier ?

X · La Roue de Fortune

Temps

Jupiter

Le rythme de la respiration et le Temps
Tandis que sonne l'horloge, l'univers s'étend.
Des tourbillons de l'espace vous traverserez
Afin de garder le cap, restez bien centrée.

Une vallée baignée de lumière fragmentée du soleil vous invite à vous approcher du bruit de l'eau tourbillonnante. Des vibrations dans votre ventre vous attirent vers une source d'énergie pulsante. Une fois arrivée, vous comprenez que vous n'êtes pas la seule à avoir été attirée par la magie du lieu. Vous vous trouvez devant la Roue de Fortune.

Une fleur de lotus rose s'épanouit au centre de la roue. Les fleurs de lotus s'enracinent dans la profondeur trouble de la boue. Elles poussent vers la surface et, chaque jour, elles écartent leurs pétales à la lumière du soleil. Il y a un parallèle avec la nature humaine qui évolue de l'obscurité à la lumière. Le mandala représente une cartographie de l'espace. Quatre rayons marquent les quatre directions avec les symboles alchimiques de la terre, de l'air, du feu et de l'eau. Quatre autres rayons divisent l'espace et sont gravés des lettres T.A.R.O. L'ensemble recombiné forme les mots *ROTA*, qui signifie « roue » en latin, et *TORA*, le mot hébreu qui signifie « loi ».

Les animaux autour de la roue représentent les différentes étapes des cycles de la vie. On y trouve chaque passage : des décennies aux années, des jours aux minutes, des cycles de la lune aux rythmes saisonniers de la nature. Une chouette sage et clairvoyante au sommet de la roue représente la vision claire, la sagesse et la stabilité. Un serpent descend le long de la roue pour représenter le déclin de l'énergie et le retour à la terre. Un renard grimpe vers le haut de la roue, marquant l'ascension et la vitalité croissante.

Les quatre coins sont marqués par le tétramorphe de l'enfant, de la fée, du félin endormi et du faune qui jette un sort de rêverie grâce à la musique de sa flûte. Ces figures sont associées aux quatre éléments et aux quatre coins de l'univers.

Le secret de la Roue de Fortune est la fluidité. La vie est un flux, elle n'est pas figée.

Gardez votre regard intérieur fixé sur l'épanouissement du moi, la fleur de lotus, afin de maintenir l'équilibre. C'est l'unique façon de rester stable au milieu des flux et des reflux de la vie.

À L'ENDROIT : Mouvement. La chance qui évolue. Aller dans le sens du courant. Une évolution favorable des événements. Cycles et énergie universelle.

À L'ENVERS : Sentiment de blocage, de déséquilibre et de perte de contrôle. Anxiété.

• • • • • •

Pour rectifier l'inversion, posez la question :
Sur quoi puis-je me concentrer afin de retrouver la paix ?

XI · La Justice

Règles

Balance

La balance du destin, le karma fait pencher
Il est encore temps, il vous faut travailler.
La fortune vient aux cœurs hardis et vaillants
Nul doute que l'avenir vous appartient vraiment.

Un personnage au regard intense se tient sous une pergola. Sa nature farouche et pleine d'assurance vous arrête dans votre élan. Ses yeux se fixent sur les vôtres et vous savez, sans dire un mot, que c'est la balance qui se tient devant vous. Le personnage revient de la cueillette. Vous savez immédiatement que vous vous trouvez devant l'arcane de la Justice.

Elle porte le bandeau classique de la Justice autour du cou. La Justice utilise son don de clairvoyance afin d'observer toutes les actions et leurs conséquences. Le travail fourni est égal aux bénéfices obtenus. La Justice instaure les règles du jeu. Le secret de la Justice est le karma.

La Justice rappelle la vision et la responsabilité personnelles. L'autodétermination régit les règles de vie que vous suivez. Chaque décision crée une réaction en chaîne, chaque action amène une réponse. Traditionnellement, la Justice reflète l'ordre public, les contrats et les accords juridiques. Sur le plan ésotérique, la Justice évoque la vérité supérieure et le discernement, les cycles spirituels, la morale et des codes individuels.

Deux piliers en bois encadrent la Justice, pilier central de l'Arbre de vie mystique. La figure de la Justice voit en l'expansion et la contraction la synthèse de polarités opposées. Ses paniers sont pleins et en équilibre. L'épée de la Justice pointe vers le sol pour rappeler qu'il faut avoir confiance en la boussole intérieure de la vérité.

À L'ENDROIT : L'action porte ses fruits. Questions morales. Sens du bien et du mal. Règles. Questions juridiques et affaires liées au droit. Procédures judiciaires et contrats. Établir la loi. La force de la responsabilité et de l'équité. La délégation des règles.

À L'ENVERS : Hors-la-loi. Injuste. Sans foi ni loi. Irresponsable. Déséquilibre. Chantage.

• • • • • •

Pour rectifier l'inversion, posez la question :
De quoi suis-je responsable ?

XII · La Pendue

Pause

L'eau

Mousse espagnole, arbre des aïeux

La réponse est juste devant mes yeux.

Ralentissez le pas, trouvez votre grâce

Vous démêlerez le temps et l'espace.

Vous foulez la terre molle le long de la rivière de la Roue de Fortune. Le cours d'eau s'élargit et se jette dans l'embouchure d'un grand fleuve. L'eau du fleuve est profonde, sombre et le lieu est recouvert de mousse espagnole. Une silhouette est suspendue à un saule pleureur. C'est la Pendue. La sagesse du saule transmet de nombreux enseignements à la Pendue. Elle se projette dans l'énergie de l'arbre et apprend à faire pénétrer les racines de son âme dans la terre profonde et féconde tout en tendant la main vers le haut et l'extérieur. Un porc-épic est assis près d'elle. Ses piquants ont l'air doux comme de la fourrure bien qu'ils soient acérés et qu'ils les protégeront tous les deux.

Le secret de la Pendue est l'immanence. Le fait d'être suspendue lui permet de se concentrer pleinement sur le cœur de ce qui l'entoure. Elle voit au-delà de l'apparence d'une personne, d'un lieu ou d'une chose et elle en pénètre l'essence. Ce faisant, elle aperçoit des étincelles divines dans tout ce qui l'entoure. Le monde vibre d'une pulsion de magie effervescente. Rien n'est tel qu'il apparaît en surface. C'est la transcendance.

À L'ENDROIT : Changement de perspective. Attendre. Regarder en profondeur au cœur du mystère. Yoga et introspection. Mystiques et artistes. Mystère divin et changement profond dans la façon de voir le monde.

À L'ENVERS : Étonnement, mouvement et seconde vue. Recevoir une transfusion énergétique.

Inversée, la carte de la Pendue est aussi puissante qu'à l'endroit.

• • • • • •

Pour rectifier l'inversion, posez la question :
Comment puis-je observer plus profondément ?

XIII · La Mort

Transformation

Scorpion

Putréfaction, mort, crâne et ossements

L'ordre ancien est renversé, à présent.

N'ayez crainte, inutile de se lamenter

Avant de renaître, il faut se relever.

Les doigts décharnés d'un vent froid vous chatouillent le cou et vous caressent les joues. Vous êtes enchantée par le bruit des feuilles qui craquent sous vos pas alors que vous pénétrez dans un cimetière. Une femme s'effondre devant une pierre tombale. Ses pleurs désespérés tranchent l'air comme une lame. Vous êtes entrée dans l'arcane de la Mort.

La Mort symbolise l'énergie qui passe d'une forme à une autre. En apparence, l'archétype reflète les cycles de la vie, en particulier les fins. Une petite fille d'environ six ans offre à la Mort une petite citrouille. Elle n'a pas encore appris à craindre ce qui est naturel.

Au niveau ésotérique, la Mort symbolise la qualité initiatique de la sorcellerie.

La sorcière prend possession de son pouvoir et explore le monde d'un œil nouveau. Elle plonge dans l'écheveau de la réalité. Elle peut s'adonner à la pratique chamanique, à la magie de l'ombre, s'embarquer dans la communication avec les végétaux ou dans un voyage astral, etc., mais elle se défait de son ancienne peau.

Le secret de la Mort est que la mort n'est pas l'opposé de la vie. La Mort est l'énergie de transmutation qui rend toute vie possible.

À L'ENVERS : Changement fondamental et transformation. Chakra racine. Fins et perte. Destruction et entropie. Libération. Initiation de l'occultiste à des niveaux supérieurs d'exploration et d'apprentissage.

À L'ENVERS : Refus d'accepter le changement. S'accrocher à ce qui a disparu. Stagnation.

• • • • • •

Pour rectifier l'inversion, posez la question :
Comment puis-je lâcher prise ?

XIV · La Tempérance

Complexité

Sagittaire

Fusion flottant tels des oiseaux dans les cieux

Levez votre regard, enchantez vos yeux.

Idées fraîches comme la rosée du matin

Magie alchimique mélangée par vos mains.

Une sorcière plane au-dessus de l'eau, un pied sur terre et un autre au-dessus de la surface. À l'intérieur d'une biosphère complexe de manifestation se trouve l'archétype de la Tempérance.

On interprète souvent la Tempérance littéralement comme étant synonyme de modération, de retenue et d'abstinence. Pourtant, lorsque vous la fixez des yeux, sa signification s'en trouve décuplée. Grâce à ses coupes, la Tempérance incorpore les possibilités. Elle fusionne l'énergie de la vie et de la mort. Elle reflète le yin et le yang tout en existant dans l'espace entre le silence et la fluidité. Elle est le mouvement entre le moi spirituel et le moi terrestre. La Tempérance semble incarner le peaufinage des talents. Tempérer quelque chose, c'est l'affiner. C'est progresser dans ce que l'on fait.

La complexité est le secret de la Tempérance. Des pensées et des idées opposées sont maintenues sur un pied d'égalité et se mélangent de façon inattendue. Le refoulement fait place à la synergie, et un espace de grâce et de dignité s'épanouit en de lumineuses possibilités. Un chemin d'évolution se déploie.

À L'ENDROIT : Complexité. Harmonie. Intégration. Alchimie de l'âme. Communication. Équilibre. Guérison. Construction. Mélange de toutes les possibilités.

À L'ENVERS : Conversations unilatérales. Mauvaise communication. Impatient. Insouciant avec soi-même et les autres.

• • • • • •

Pour rectifier l'inversion, posez la question :
Comment puis-je écouter ?

XV · La Diablesse

Contrôle

Capricorne

Colère, soufre, feu et haine

Tentation de l'envie, lâchez l'appât.

Le jeu de la Diablesse n'est qu'illusion vaine

Déjouez tous ses sombres contrats.

L'heure des sorcières vient de sonner et vous vous retrouvez dans un bassin d'obscurité languissante couleur d'encre. Un rire dément et perçant rompt le silence et les poils se hérissent sur votre nuque. Le goût amer de la peur vous remonte dans le fond de la gorge et vous remplit le ventre, mais vous continuez de vous approcher de ce bruit, malgré tout. Une force supérieure à la vôtre vous pousse à continuer dans la direction du cri. Ce dernier vous conduit vers la lumière de flammes lointaines. Vous vous faufilez dans les buissons pour vous approcher au plus près de la vision sans vous faire remarquer. Une femme terrifiante se prélasse dans une exaltation déchaînée. Les Amoureux sont enchaînés comme des chiens à ses pieds. Ils pourraient facilement retirer les chaînes de leur cou, mais au lieu de cela, ils se regardent l'un l'autre. Est-ce une punition ? Est-ce un choix de leur part ?

Bienvenue dans l'archétype de la Diablesse.

Le secret de la carte de la Diablesse est l'ego. Plus les Amoureux sont en colère, plus la puissance de la Diablesse augmente. Celle-ci se nourrit de la honte. Le manque d'estime de soi et le rejet de la responsabilité sur autrui engendrent le chaos et privent l'individu du vrai sens de sa vie. Les chaînes du désir de la Diablesse empêchent l'individu de connaître la paix dans l'instant présent. La Diablesse, c'est la distraction. D'un point de vue ésotérique, la sorcière doit transcender la Diablesse afin de répandre sa magie. Nul besoin pour la sorcière d'occire le démon.

L'ego et la peur ont pour fonction primordiale la préservation de l'individu face au danger.

Le travail de la sorcière consiste à comprendre le fonctionnement de la peur et de l'ego afin de ne pas en devenir la victime.

À L'ENDROIT : Désordre de l'esprit. Addiction et confusion. Le côté obscur du moi. L'ego. Les chaînes qui vous asservissent. Le chaos et la cruauté. Le besoin impérieux de contrôler une situation.

À L'ENVERS : Une peur paralysante. Être timide alors que la bravoure est de mise. Permettre aux autres de vous contrôler.

• • • • • •

Pour rectifier l'inversion, posez la question :
Comment puis-je retrouver mon véritable pouvoir ?

XVI · La Tour

Libération

Mars

Tonnerre, éclairs, tempête en train d'approcher

Accueillez la Tour pour mieux évoluer.

Sans risque, lâchez prise, encaissez le coup

Ces chaînes ne furent jamais pour vous.

Il fait chaud, l'atmosphère est lourde et les nuages d'orage s'amoncellent. Les cumulonimbus s'accumulent comme la poudreuse devant un chasse-neige. Vous doutez que les deux enfants aperçus plus tôt grimpant dans la cabane aient vu le temps virer. Vous partez dans leur direction pour les avertir, mais vous arrivez trop tard. Le ciel tumultueux frappe l'arbre d'un éclair phénoménal. Heureusement, deux blaireaux et une fée sont venus à la rescousse et les ont sauvés d'une chute mortelle.

La Tour symbolise une destruction et un bouleversement inattendus. Elle correspond à la perte, la terreur et la perturbation. Mais le secret de la Tour est l'émancipation. La libération de l'attente et de l'attachement au désir est le résultat de l'intégration de l'arcane de la Diablesse. Une fois que l'on se détache de l'illusion de contrôle sur les choses, tout change, tout ce qui n'était pas adapté à la vie disparaît. La Tour est le reflet du bouleversement d'une ancienne façon d'être. Elle apporte une dimension de nettoyage, la fin d'un ancien cycle. Ce qui ne sert plus se voit balayé.

La vie se réorganise alors que la guérison de l'âme s'étend à tous les coins et recoins de la vie de la sorcière.

Une guérison intérieure en profondeur est souvent liée au fait de venir bousculer les habitudes extérieures de la vie. Les relations se défont, les vieilles habitudes sont brisées et des changements réels se produisent dans le monde. L'âme évolue en harmonie avec le moi authentique de la Grande Prêtresse. C'est le dernier maillon de la chaîne des Amants, qui maintenait quelque chose qui désormais ne fonctionne plus. La métamorphose n'est pas aisée ; sinon, pourquoi le moi craindrait-il ce qu'il désire ? S'il était facile de changer, vous n'auriez pas résisté aussi longtemps.

À L'ENDROIT : Le champ est dégagé. Moment lumineux de prise de conscience. Compréhension immédiate. Choc et destruction de ce qui jamais ne fut censé être. Libération de l'attachement. Perte de ce qui n'allait pas.

À L'ENVERS : Terrifié par le changement. Refus de regarder les choses en face. Se cacher la tête dans le sable afin d'éviter de faire face.

• • • • • •

Pour rectifier l'inversion, posez la question :
Qu'ai-je peur d'affronter ?

XVII · L'Étoile

Renouveau

Verseau

L'inspiration jaillit de la nuit étoilée

Tout semble absolument parfait.

Flux d'émotions, horizon cristallin

Invoquez la muse : la nuit lui appartient.

C'est une nuit sans lune. La lumière irisée des étoiles tombe en cascade dans le ciel, vous vous laissez enivrer par le parfum du jasmin qui se dévoile à la nuit tombée. Vous marchez, sautant d'une ombre à l'autre, quand vous apercevez une douce lueur devant vous. Vous vous approchez et découvrez une source d'énergie lumineuse, aussi indéfinissable qu'un spectre, allongée, le visage levé vers le ciel. Vous avez l'impression que votre main pourrait passer à travers si vous essayiez de la toucher. D'une cruche, elle se verse un liquide céleste sur le bout des doigts. Voici l'Étoile.

La carte de l'Étoile représente la guérison et la quiétude après le désordre et la destruction causés par la Diablesse et la Tour. Toute l'énergie psychique et traumatique est libérée. Son énergie se fond en vous. Vous ressentez l'excitation vous chatouiller le ventre pendant que l'Étoile transvase l'énergie du firmament. Des réponses sont apportées aux questions qui vous tourmentent. La souffrance physique s'envole. L'optimisme vous envahit comme l'hélium emplit un ballon.

Le secret de l'Étoile est la perte de conscience de soi. L'ego a été mis à l'écart. La peur a été mise en échec. Il n'y a pas de blocage entre le moi inférieur et le moi supérieur, l'énergie circule librement. C'est un lieu pour l'artiste et la muse, qui se prête à l'inspiration et à l'illumination. L'Étoile est le canal ouvert.

Le sentiment de communion transmis par cette carte reflète la nature de l'artiste et de la muse.

L'inspiration jaillit alors que le canal s'ouvre. À bien des égards, l'Étoile correspond à la divinité manifestée sur terre. Elle est aperçue, vue et ressentie dans des moments transcendants. L'Étoile est l'imagination qui se déploie. Le paon symbolise la puissance énergétique, la force hypnotique et la divinité manifestée. Les eaux sont l'essence de l'âme. C'est l'unité cosmique et tous les rêves les plus fous qui se réalisent.

À L'ENDROIT : Inspiration. Guérison. Le calme après la tempête. Clarté. Flux. Transcendance. Paix.

À L'ENVERS : Peurs superficielles. Blocage. Sentiment d'être coupé du monde. S'accrocher au passé pour éviter d'aller de l'avant.

• • • • • •

Pour rectifier l'inversion, posez la question :
Que puis-je accepter ?

XVIII · La Lune

Émergence

La Lune

Clair de lune envoûté ; louves hurlantes et aboyantes

Ombres rampantes, obscurité errante.

De nouvelles histoires à présent sont contées

Hurlant l'inconnu, que le chemin puisse se dévoiler.

La sorcière émerge de l'eau en direction d'une montagne lointaine tout en canalisant l'éclat de la Lune. Elle est entourée de deux écrevisses qui flottent dans l'eau. La sorcière accueille la nuit, invoque son pouvoir et le laisse se fondre en son sein. Un chemin s'étend devant elle. Deux bêtes sauvages encadrent la route, offrant la liberté liée à l'instinct. Le jardin de la sorcière n'est qu'une étape sur le chemin de la manifestation. Il mène au sommet d'une montagne, l'espace de manifestation le plus élevé dans le monde matériel.

L'âme a été nettoyée par la carte de l'Étoile. Il n'y a pas d'interférence entre les aspects les plus élevés et les plus bas de l'âme ; la communion est parfaite. Avec la clarté, une nouvelle possibilité jaillit de l'inconscient, comme le montre le reflet sur l'étang. L'image de la carte confère une double dimensionnalité car la Lune reflète la lumière du soleil. Elle nous montre les possibilités qu'offrent le subtil et l'inconscient. La lune nous permet d'accueillir pleinement l'inconnu, même s'il nous semble inconfortable, déstabilisant et effrayant, ce qui nous conduit à une compréhension accrue. Une fois que nous avons apprivoisé ce qui nous terrifie, nous pouvons l'intégrer dans notre vie. C'est la carte de la prophétie et des rêves qui se réalisent.

À L'ENDROIT : Sommeil et vie onirique. Nature psychique. L'inconscient devient conscient. Émergence. L'ombre devient lumière.

À L'ENVERS : Refoulement des pulsions primaires. Mal à l'aise avec son propre pouvoir et sa propre magie. Incapable d'intégrer la dualité intérieure.

• • • • • •

Pour rectifier l'inversion, posez la question :
Qu'est-ce qui veut émerger à travers moi ?

XIX · Le Soleil

Manifestation

Le Soleil

La lumière éclatante du soleil aveuglant

Révèle ce qui toujours a été présent.

Santé, rire et plaisir débordants

Accourent grâce à l'astre rayonnant.

Midi sonne ; c'est l'exact opposé de l'obscurité de l'arcane de la Lune. Un cadran solaire rayonnant se trouve au cœur de la carte. Deux jumeaux – une référence aux anciennes représentations de l'arcane du Soleil – chevauchent de blancs destriers. La carte est empreinte d'un prestige royal. Deux oiseaux nouent un ruban en signe d'unité. Des tournesols majestueux canalisent l'énergie solaire du jardin et marquent la manifestation, la croissance et l'expansion.

La carte du Soleil, comme celle de la Lune, offre une dualité « Ce qui est en bas est le reflet de ce qui est en haut ». Elle nous rappelle que ce qui est vrai pour nous l'est aussi pour le monde. Nous nous penchons sur les natures intérieure et extérieure du moi. Notre bonheur se reflète dans les autres. Dès lors que nous sommes en harmonie avec nous-mêmes, un nouveau monde émerge. Le Soleil marque la capacité d'accepter toutes les possibilités et d'accueillir toutes les choses avec un esprit d'abondance et d'ouverture. Les sorcières comprennent le secret de la carte du Soleil.

Il y a assez de joie, d'amour et de ressources pour soi et pour le monde entier. Nous disposons de bien plus que ce dont nous pourrions avoir besoin. Le Soleil nous rappelle l'abondance de la lumière qui est en nous et dans le monde. Cette carte apparaît dans les lectures pour indiquer le plaisir, la santé et la manifestation.

À l'endroit : Abondance. Amour. Joie. Excellente santé. Chakra du cœur. Expansion et exubérance. Destin.

À l'envers : Tristesse. Dépression. Enfermement. Obscurité. Sentiments. Comportement autodestructeur.

• • • • • •

Pour rectifier l'inversion, posez la question :
Quel élément positif puis-je accueillir dans ma vie ?

XX · Le Jugement

Révolution

Feu

Lève-toi, commence un jour nouveau
Écoute l'appel, délaisse tes oripeaux.
Accueille l'abondance et le manque rejette
Aucun retour possible, rien ne regrette.

Un esprit aérien éthéré souffle dans une trompette dorée. Les créatures des jardins, les plantes et les personnages tendent la main et répondent à sa musique. Votre souhait a été exaucé et l'univers s'en fait l'écho. L'appel du cœur se rend visible. Il n'y a pas de retour en arrière possible, et plus rien ne sera comme avant.

La carte du Jugement fait écho aux plaques tectoniques du changement qui vous emportent vers votre prochaine évolution. Elle est la métaphore de la renaissance dans votre propre corps. Cette carte apparaît comme un message que vous ne pouvez pas ignorer. C'est un appel du monde extérieur qui s'aligne sur votre appel intérieur. Les portes du possible s'ouvrent avec force. Le secret de cette carte est de prêter attention à l'appel. C'est la vérité resplendissante de qui vous êtes : ouverte, souple et vivante. Le jugement nous montre ce que libre veut dire. Vous vous êtes transformée et le monde a évolué avec vous.

À l'endroit : Extase et accomplissement. Répondre à l'appel. Le message que vous attendiez. Force vitale. Renaître, mais à l'intérieur de soi-même. S'élever. Vivant et éveillé.

À l'envers : Refus d'écouter. Non-conformité. Abandon des espoirs et des rêves.

• • • • • •

Pour rectifier l'inversion, posez la question :
Qu'est-ce qui m'aide à vivre pleinement ?

XXI · Le Monde

Intégration

Saturne

Danse libérée, regard satisfait

Esprits dans un voile magique rassemblés.

La perfection vous guide à chacun de vos pas

Plus rien à prouver à présent il n'y a.

L'aboutissement des leçons de magie, de la vie et de l'amour se révèle lorsque la sorcière devient la danseuse du Monde. Elle tient une baguette dans chaque main et l'enchantement fait rayonner son corps. La plume écarlate dans ses cheveux la relie à la Folle ; elles ne font qu'une. La carte du Monde semble indiquer un travail exceptionnel et un succès éclatant.

Le chaudron de la sorcière représente les sortilèges, les cartes du tarot reflètent la divination et les amanites tue-mouches forment un rond de sorcières. Le chapeau de la sorcière, canalisateur de pouvoir, repose à côté d'un chat noir, représentant l'énergie féline féminine. La couronne de jardin reflète la nature circulaire d'une vie, le cycle de la vie et la nature cyclique de l'univers, ainsi que le zéro, le chiffre de la Folle. La danseuse du Monde crée l'existence en faisant tourner la roue.

Le Monde symbolise l'euphorie et l'achèvement. La sorcière incarne la pleine puissance et le plaisir du jardin et donc, elle-même. C'est la carte de la restauration et de la perfection. C'est l'intégration absolue et la jouissance. La magie vit dans la connexion à l'instant présent. Le rythme interne de l'âme rencontre l'appel extérieur de l'univers. Les objectifs sont atteints et les réalisations abondent, accompagnés par le plaisir fondamental et l'authentique bénédiction que constituent la connaissance, la possession et l'honneur de soi. Perdue dans l'extase tourbillonnante de la musique, du mouvement et du plaisir, la transcendance est à portée de main. Une danse ensorcelante se manifeste au fur et à mesure que vous vous harmonisez avec tout ce qui pousse à l'intérieur de votre âme tendre, belle et subtile.

À L'ENDROIT : Flux. Manifestation. Voyage. Gloire. Aboutissement. Perfection. Danse. Célébration. Expression. Achèvement. Tous les désirs sont exaucés et les souhaits satisfaits. Alignement parfait.

À L'ENVERS : Près de la ligne d'arrivée. Peur d'avoir ce dont vous avez toujours rêvé.

• • • • • •

Pour rectifier l'inversion, posez la question :
Qu'est-ce qui m'aide à vivre l'instant présent ?

Les arcanes mineurs

La suite de Bâtons

As de Bâtons

Étincelle

Puissance du feu naissant

Feu de la passion, lueur apaisante

Désir de l'âme, cœur s'envolant.

Faites naître la flamme, attisez-la bien

Les bâtons ardents vous offrent leur soutien.

Le crépuscule tombe comme un rideau éphémère sur le jardin de la sorcière. La main de la sorcière brandit une torche. C'est l'essence du feu. Le bâton enflammé est le cadeau qu'elle vous tend. L'as de Bâtons est la source de tout feu. Il marque la passion nouvellement née et mûre pour se déployer. C'est le désir ardent de se réveiller le matin et de faire décoller de nouveaux projets. C'est la joie palpitante et l'exaltation.

Un serpent inoffensif s'est enroulé autour de son poignet, car les serpents s'alignent sur l'élément feu. La main émerge des brumes de la manifestation. Elle marque le portail entre les mondes invisibles et visibles. La maison, les jardins et le paysage pastoral évoquent le fait de se sentir chez soi dans le monde et en soi. Le secret de l'as de Bâtons est qu'il est le germe de toutes les cartes de feu à venir.

L'as de Bâtons réveille l'âme en illuminant de nouvelles possibilités. La sensation est aussi exaltante que lorsque l'on tombe amoureux. L'as marque un chemin qui va vers l'avant. Laissez le destin jouer son rôle en permettant au moi de s'ouvrir à la sagesse de la synchronicité qui éclaire votre chemin. Reconnaissez la magie lorsqu'elle brille. Soyez au rendez-vous. Permettez à l'essence du feu de réchauffer le cœur et l'âme. Vous êtes une enfant de la nature incendiaire de l'univers.

À L'ENDROIT : Force et puissance. Frémissements de la passion. Désir inavouable. Virilité. De nouvelles options s'embrasent à la vie. Étincelle miraculeuse. Début. Origine. Source.

À L'ENVERS : Énergie éteinte. L'étouffement du désir. Apathie et sentiment de ne pas être digne.

• • • • • •

Pour rectifier l'inversion, posez la question :
Comment puis-je me concentrer sur l'agitation qui est en moi ?

Deux de Bâtons

Perspicacité

Mars en Bélier

Mousse, brume et éclats embrasés

Le désir pesant remplit l'air.

Les yeux du désir voient si clair

La magie exerce une force insoupçonnée.

Le crépuscule se déverse sur un bosquet de saules séculaires. Ils protègent une jeune sorcière qui médite sur la sorcellerie. Elle va conjurer les désirs de son cœur avec attention. Une boule de cristal repose dans sa paume. Elle peut voir son but à l'intérieur de son imagination et fait se rejoindre son futur désiré et sa réalité présente. Les doigts du destin s'enroulent autour d'elle.

Un grimoire emprunté, un recueil de formules magiques écrites par une sorcière, est posé sur la table. Des cartes de tarot jetées lors d'une divination minutieuse l'aident à choisir le moment de son enchantement. Cinq bougies dansent sur un chandelier en bois de sorbier. De puissantes huiles et potions dansent à l'intérieur de bouteilles de verre scellées. Elles seront débouchées au moment opportun.

Elle a rassemblé du bois d'allumage et du bois de chauffage. Ils représentent les outils qui entretiennent la passion. Les flammes sont soigneusement alimentées. Pieds nus, elle s'enracine dans la terre. Un petit lézard, silencieux et alerte, veille à ses pieds.

Le deux de Bâtons apparaît comme un présage qui vous rappelle d'observer les désirs gardés secrets et de vous lancer dans des quêtes de vision. Un examen attentif révèle ce que l'on veut et pourquoi. Une attention soutenue est nécessaire afin de mener les rêves vers leur concrétisation. Rappelez-vous qui vous êtes. Tracez votre route en suivant les graines de vos envies. Le secret du deux de Bâtons est la dualité du feu. L'énergie se transforme dès lors que le feu élémentaire se divise pour se refléter lui-même. Elle peut apporter son soutien ou exploser. Regardez sur le long terme, faites appel à des ressources collaboratives afin de maintenir le cap, entretenez votre santé sur la durée et réalisez vos rêves. Ressentez l'univers vibrer en vous et regardez comme il pétille lorsqu'il vous fait don de l'assistance de guides, d'encouragements qui vous inspirent et d'agréables surprises tout le long de votre chemin.

À L'ENDROIT : Regarder devant soi. Organiser et planifier. Visualiser. Observez comment se présente le paysage afin d'être en accord avec votre désir. Réunissez des forces opposées homogènes afin de favoriser l'énergie de la transformation.

À L'ENVERS : Projets ralentis. Incapacité à imaginer l'avenir. Épuisement et apathie face à la situation actuelle. Rien ne semble mériter que l'on fasse un effort.

• • • • • •

Pour rectifier l'inversion, posez la question :
Comment puis-je faire un petit pas en avant ?

Trois de Bâtons

Rituel

Soleil en Bélier

Votre peau baigne dans la lumière de la lune

Reconnue, la magie en vous s'épanouit.

La triple flamme illumine le ciel nocturne

Adressez votre souhait, invoquez cette nuit.

La sorcière du deux de Bâtons a fait connaître ses intentions à l'univers. Elle a jeté son sortilège. Elle conclut son travail de magie en plaçant trois lanternes incandescentes dans l'eau. Les Bâtons sont la suite de l'action et de l'énergie. Cette carte reflète l'accomplissement du travail nécessaire. C'est la convergence de l'intention et de l'action qui donne naissance à des résultats.

Le deux de Bâtons représentait l'élaboration et la mise en œuvre d'un plan. Le trois de Bâtons apparaît lorsque le moment est venu de rassembler tout ce dont on a besoin. Il y a de l'audace dans l'action. Un message ou une lettre doit être envoyé. Soyez sans équivoque à propos de vos souhaits. Que peut-on faire différemment cette fois-ci ?

Le fin croissant de lune nous rappelle qu'il faut s'aligner sur l'aspect de la Grande Prêtresse qui est en vous. Les tremblements de l'univers répondent à l'authenticité et à la vérité. Aucun appel n'est ignoré. Croyez en la magie. Le secret du trois de Bâtons est la nature créative du feu.

À L'ENDROIT : La magie en action. Prendre le large. Créativité et progrès. La force du moi et la connaissance de soi. Croire en soi. Il est temps de prendre des risques et de laisser sa marque. La Trinité poétique du moi, de l'univers et du mystère invisible se fondent dans la magie active et la manifestation de l'action et de l'intention personnelles.

À L'ENVERS : La peur vous retient. Remettre au lendemain naît du sentiment de ne pas avoir de valeur. Utiliser vos propres dons et talents contre vous-même.

• • • • • •

Pour rectifier l'inversion, posez la question :
Comment puis-je soutenir mon intention ?

Quatre de Bâtons

Réjouissances

Vénus en Bélier

Les fêtes d'été de mille feux flamboient
Enchantements, rires et douces joies.
Les belles du bal dansent et tournoient
Que l'euphorie festive à présent se déploie.

Les célébrations estivales éclatent et vous en êtes l'invitée d'honneur. Des flammes dansantes s'élèvent alors que s'ouvre le portail qui mène vers le solstice d'été. Le quatre de Bâtons est une carte de plaisir et de réussite. Les feux brûlent plus fort lorsqu'ils sont partagés avec la communauté. Le moment est venu de savourer les fruits mûrs de votre succès.

Quatre bâtons équidistants marquent la stabilité aux quatre coins de l'univers. Deux oiseaux soulèvent le ruban de la passion dans une union heureuse en liant l'énergie solaire de la guirlande de tournesols. En point central de la célébration, un feu de joie rayonne de ses flammes de la passion. Les convives se rassemblent comme des papillons de nuit autour de la flamme qui brille de mille feux.

Le quatre de Bâtons apparaît dès lors qu'il y a une célébration. Il évoque les anniversaires, les mariages, les remises de diplômes – toutes les cérémonies et les rassemblements. Les individus se réunissent. La moisson précoce est récoltée et partagée au sein de la communauté. Au niveau le plus profond, le chiffre quatre lie le feu élémentaire à la sécurité et aux fondations. Il s'agit d'un succès profond et d'une activité professionnelle qui a porté ses fruits. Vivez pleinement ce moment. Le secret du quatre de Bâtons est l'entretien du feu fondamental. Ardeur de la passion, de l'énergie et de la virilité.

À L'ENDROIT : Réunions en famille et entre amis. Soirées interminables, danses endiablées et plaisirs. Entretenir les résultats concrets de projets passionnés. S'arrêter en chemin pour apprécier le voyage.

À L'ENVERS : Gâcher un bon moment. Gâcher la joie d'autrui. Refuser de se joindre à la fête. Attitude toxique. Trahison.

• • • • • •

Pour rectifier l'inversion, posez la question :
Comment puis-je faire de la place
à la gratitude ?

Cinq de Bâtons

Frictions

Saturne en Lion

Étincelles qui s'envolent, ailes qui battent l'air

Les pensées ingénieuses toujours restent là.

Le doute peut parfois venir vous faire taire

Rebondissez, la honte vous ne connaîtrez pas.

Une faible lueur s'élève au-dessus d'un champ. Elle est visible à des kilomètres à la ronde. Une « guerre des vers » a éclaté entre cinq passereaux d'été qui se disputent pour les meilleurs morceaux. Non disposés à devenir leur dîner, les gros vers de terre se défendent. Des allumettes illuminent le sol meuble et nouvellement ensemencé.

Le cinq de Bâtons a pour but d'attiser la passion. Il marque les conflits, les escarmouches et l'excitation au sein des groupes en société. Les flammes du feu embrasent les relations entre amis, collègues et au sein de la famille. L'énergie s'embrase mais elle est source d'excitation. Elle génère de nouvelles idées et des résultats inattendus. Le secret du cinq de Bâtons est l'étincelle de potentiel qui naît d'une action exaltée.

Le cinq de Bâtons indique le moment où une foule se trouve prise de frénésie. L'histoire est en train de se dérouler. Va-t-elle vous séduire ? Allez-vous la laisser vous distraire de vos objectifs ou vous orientera-t-elle dans une nouvelle direction ? Les autres alimentent-ils leur énergie personnelle de manière positive ? Observez votre position actuelle et évaluez les objectifs futurs. L'énergie actuelle a un potentiel de distraction ou d'inspiration. Faites vos choix en conséquence. Vous pouvez participer ou vous éloigner.

À l'endroit : Action et combat. Chacun se bat pour soi. Les gens s'agitent. Énergie brûlante. Excitation et fureur. Un combat énergique et amusant des esprits et des corps.

À l'envers : Des histoires nées de l'ennui. S'amuser en provoquant les autres. Refus de se battre.

• • • • • •

Pour rectifier l'inversion, posez la question :
Quel est l'enjeu pour moi ?

Six de Bâtons

Inspiration

Jupiter en Lion

De joyeux défilés ouvrent la danse

Abolissant ainsi la voie de l'errance.

Des couronnes de laurier pour la victoire remportée

Savourez cette gloire ; d'autres vous seront accordées.

La sorcière du feu est accueillie par une foule dans le jardin de la sorcière. Elle apporte des messages, des bonnes nouvelles et des raisons de se réjouir. Les bonnes nouvelles et la fortune sont partagées avec ceux qui tiennent leurs torches en son honneur. La complicité se lit dans le regard du cheval. Il sent quelque chose que les autres ne perçoivent pas. Un nouveau chapitre reste encore à écrire. L'histoire est loin d'être terminée.

Le secret du six de Bâtons est la fusion de l'énergie combustible. Le personnage transmet le feu de l'inspiration à ceux qui se trouvent en dessous d'elle. Le secret consiste à ouvrir le moi terrestre à l'inspiration du moi supérieur. Cette inspiration prendra forme à travers le style de vie personnel, le travail et un projet guidé par la passion.

Le six de Bâtons nous rappelle que nous sommes tous des sources d'inspiration pour notre entourage. Il est important de partager son enthousiasme. Il s'agit de vous tenir en position de force et de mener la mission pour laquelle vous avez été mise sur cette terre. L'expérience et l'expression sont des guides. Acceptez les compliments sans les dénigrer. Le fait de rayonner à travers votre confiance en vous inspire votre entourage à faire de même.

À L'ENDROIT : Victoire et amélioration. Cœurs enflammés. Inspiration. Les idées personnelles font leur effet. Meilleurs auspices. Les bonnes grâces. Promouvoir ce qu'il y a de meilleur chez les autres. Le succès, avec davantage à venir.

À L'ENVERS : Minimiser le talent. Incapacité à accepter les compliments. Coincée dans une spirale négative. Incapacité à prendre du plaisir à être soi.

• • • • • •

Pour rectifier l'inversion, posez la question :
Comment puis-je être ma propre source d'inspiration ?

Sept de Bâtons

Feu de l'âme

Mars en Lion

Les flammes du feu acceptent toute chose

Envoyez votre message, lancez bien votre appel.

Le sept mystique contribue à votre cause

Lorsque vous jetez le sort de la passion réelle.

Une sorcière virevolte gracieusement sur la pointe du pied. Une brise souffle dans ses cheveux tandis que l'énergie de sa baguette s'élève en spirale. Elle a puisé son inspiration de la sorcière à cheval du six de Bâtons et s'est avancée pour jeter un sortilège de son propre cru. Insuffler l'inspiration de manière audacieuse est le thème du sept de Bâtons.

Six personnages à ses pieds, chacun d'entre eux une torche à la main, prêtent à la sorcière l'énergie née de leur union. C'est l'essence même de la vitalité partagée par un groupe. Les bâtons marquent le canal magique qui pulse à travers chaque participant. L'énergie éclate lorsque les communautés fusionnent et se concentrent pour créer quelque chose de nouveau et magnifique.

Le sept de Bâtons répond à l'appel de la danse spirituelle. Il tire profit d'une position de pouvoir et favorise l'action pour la consolider. Le secret du sept de Bâtons est la mise en lumière de quelque chose de nouveau et d'inattendu. Au moment où votre histoire semble toucher à sa fin, un nouveau chapitre se dévoile. Vous prenez de la hauteur comme jamais auparavant, avec une vision nouvelle et inspirée ; vous avancez vers de nouveaux sommets avec puissance et précision.

À L'ENDROIT : Action et énergie. Se concentrer sur l'amélioration de la situation. Le savoir personnel sert à incarner son pouvoir propre. La connaissance éclaire le chemin. Amélioration. Prendre des risques porte ses fruits. L'aide arrive au moment où l'on s'y attend le moins. Des poussées de puissance inattendues. Lâchez prise et faites confiance au processus.

À L'ENVERS : Sur la défensive et craintif. Attaques féroces. Le venin remplace le plaisir. L'inspiration se transforme en violence.

• • • • • •

Pour rectifier l'inversion, posez la question :
Qu'ai-je à gagner ?

Huit de Bâtons

Vitesse

Mercure en Sagittaire

Les flèches de l'amour, lancées, volent
Étincelles dans le ciel prennent leur envol.
Énoncez vos intentions, ayez confiance maintenant
Les appels sont entendus, ne demandez pas comment.

Huit bâtons lumineux embrasent la nuit dans leur envol. La sorcière conclut son sortilège en envoyant une dernière intention. Le moment est venu de fermer l'espace sacré. Des offrandes sont faites et de la gratitude exprimée. Les mots et les actions ont leur importance. Les appels sont entendus. Le secret du huit de Bâtons réside dans la façon de s'assurer du succès d'un sortilège. Il faut faire confiance et ne pas tant s'attacher au résultat de l'enchantement.

Le huit de Bâtons est la carte des intentions magiques en mouvement. Tout a été fait pour le moment. Les besoins ont été exprimés et les souhaits transmis. Il ne reste plus qu'à lâcher prise. La carte suivante dans un tirage indique souvent comment et où les désirs se manifestent. Si le sort se réalise, c'est qu'il devait se réaliser. Si l'appel ou le désir ne se manifeste pas, c'est que l'alignement n'est pas suffisant. Recalibrez-vous à travers la contemplation, l'introspection et l'expérimentation. Faites confiance à l'univers et à l'instant présent afin d'obtenir exactement ce dont vous avez besoin.

À L'ENDROIT : Tout ce qui est mis sur cette terre a son importance. Lettres d'amour. Envoyer des messages. Appel et réponse. Prières en mouvement. L'action en mouvement. Les résultats vont bientôt être révélés.

À L'ENVERS : Mauvaise communication. Manque de conviction. Réessayez. Échec du lancement d'un projet.

• • • • • •

Pour rectifier l'inversion, posez la question :
Comment puis-je aborder ceci différemment ?

Neuf de Bâtons

Audace

Lune en Sagittaire

La bravoure rayonne à travers la peau

Les flammes du triomphe courtisent la victoire.

Le moyen idéal pour redresser la trajectoire

Est de s'acquitter des difficultés au plus tôt.

La forêt sombre et menaçante est tenue à distance par la magie florissante du jardin. Une jeune sorcière astucieuse franchit le seuil afin de se retrouver en sécurité. Elle est acceptée sans jugement, soignée et nourrie. C'est tout ce qu'elle recherchait. Sa joue qui saigne et ses vêtements fripés sont les marques des difficultés qu'elle a surmontées pour arriver à destination.

Le neuf de Bâtons apparaît lorsqu'un souhait, un travail ou un désir donne accès à un nouveau plan d'existence. Il s'agit d'un territoire riche qui a toujours existé mais dont l'accès est accordé à l'individu pour la toute première fois. Y accéder est le résultat du dépassement des limites personnelles et de la persévérance.

Le secret du neuf de Bâtons est la manifestation. Tout ce qu'une personne peut désirer est souvent accessible si elle sait modifier sa façon de regarder les choses. Le feu élémentaire réduit les qualités à leur essence.

La véritable nature d'une chose est reconnue. Cherchez refuge dans des espaces sûrs. La magie que vous recherchez réside en vous.

À L'ENDROIT : Aller au-delà des frontières. S'aventurer en territoire inconnu. Repousser les limites du possible. Des adversaires redoutables. Force et connaissance à travers les défis relevés. L'expérience donne naissance à la confiance.

À L'ENVERS : Obstacles écrasants. Oppression. Sentiment que les chances sont contre soi. Incapable de traverser la situation actuelle.

• • • • • •

Pour rectifier l'inversion, posez la question :
Comment puis-je changer de cap ?

Dix de Bâtons

Culmination

Saturne en Sagittaire

Un cycle arrive à sa fin au début d'un voyage

Rassemblez vos biens, prenez congé, tournez la page.

La lueur du feu vous éclairera sur le chemin

Ne remettez à plus tard ce qui est dû ce matin.

Une sorcière quitte le jardin. Elle a rassemblé des objets pour son voyage, récupéré ce qui a été perdu, et maintenant elle part seule. Elle porte un enfant avec la sagesse de l'expérience. Un renard roux, esprit de l'élément feu et guide spirituel de l'enfant, les accompagne. La sorcière tient une seule torche pour éclairer son chemin, tandis que neuf autres sont rassemblées derrière elle. Elle emporte avec elle tout ce dont elle a besoin pour réussir son voyage. Elle emporte avec elle de la lumière, des cartes et des sortilèges. La route qui s'ouvre devant elle est sauvage et inexplorée, mais elle a tissé une toile d'énergie protectrice grâce aux enseignements appris. Le moment est venu pour vous d'en faire de même.

Le dix de Bâtons symbolise un exode. C'est l'excitation et la certitude absolue de connaître son objectif. Une mission est à portée de main, mais ce n'est pas le voyage de la Folle. D'autres personnes dépendent de la sorcière ; elle n'est pas aussi libre que la Folle. Sa dépendance vis-à-vis des autres amplifie sa détermination. Les enjeux sont plus importants que jamais. Le secret du dix de Bâtons est un voyage commencé après que l'on a revu ses priorités.

À L'ENDROIT : Un cycle est achevé. S'engager sur un nouveau chemin. Le corps se régénère. Nouvelle aventure. Passage d'un monde à l'autre. Prendre ses responsabilités.

À L'ENVERS : Étouffement. Blocage. Immobilisation. Manque d'inspiration.

• • • • • •

Pour rectifier l'inversion, posez la question :
Comment puis-je aider ceux qui dépendent de moi ?

La suite de coupe

As de Coupes

Flux

Racine du pouvoir de l'eau

La coupe déborde, l'affection en jaillit,
Vers le vrai nord, le corbeau vous conduit.
Offrez sans compter l'abondance, vous verrez
Au triple chaque présent sera récompensé.

Une main enchanteresse tient un calice débordant. C'est la coupe de l'émotion. Le calice est gravé d'un symbole lunaire reflétant les émotions changeantes et les énergies passagères. La lune marque la nature changeante du caractère. Chaque larme de joie versée, chaque cri déchirant et toutes les émotions intermédiaires se déversent de la coupe dans l'élixir magique de l'humanité.

Un corbeau atterrit sur la coupe comme un ange qui descend sur la terre ferme pour la première fois. Il porte le cadeau d'un pentacle. Son offrande nous rappelle que les choses réelles de la vie se manifestent grâce à la fluidité de nos émotions. Le corbeau symbolise le métamorphe qui sommeille en nous. Il porte la part d'ombre de l'émotion et la difficulté que peuvent représenter nos sentiments et qu'il vaut mieux accepter que de refouler. Agir ainsi préserve la fluidité.

Le secret de l'as de Coupes réside dans le fait que les vibrations émotionnelles attirent des énergies semblables. Qui se ressemble s'assemble.

Voilà pourquoi les émotions sombres et épineuses qui ont été dépassées n'en entraînent pas davantage.

Des libellules et des poissons sont attirés par la coupe comme des papillons de nuit le sont par une flamme. L'intensité spontanée attire et amplifie les énergies. Les pétales de la fleur de lotus sont ouverts et réceptifs. Le lotus sacré s'enracine profondément dans la boue, le limon et le sable souterrains, tandis que la fleur s'ouvre à la lumière du soleil et à l'inspiration qui vient d'en haut. L'as de Coupes est la semence de toutes les cartes de Coupes. Elle déverse sans cesse les histoires de cœur.

À L'ENDROIT : Un cœur ouvert avec des émotions qui coulent à flots. Amour sans limite. Un beau début d'affection. Une approche fraîche et artistique de la vie. De merveilleux sentiments. Nouvelle opportunité dans tous les domaines des émotions. Ouverture du cœur.

À L'ENVERS : Émotions enfouies qui ont besoin d'être extériorisées. Réagir trop fortement dans le seul but de se faire remarquer. Accorder de l'importance à son propre état émotionnel tout en négligeant les sentiments des autres. Séparer le moi de l'amour.

• • • • • •

Pour rectifier l'inversion, posez la question :
Comment puis-je guérir ?

Deux de Coupes

Enchanter

Vénus en Cancer

Une entière dévotion apaise l'âme meurtrie

Les cœurs brisés seront bientôt rétablis.

Des coupes levées frôlent les lèvres d'un amant

Qui répondra à votre baiser ardent ?

Un couple est assis sur une balançoire sous les branches d'un arbre séculaire. C'est l'arbre le plus prisé et le plus recherché du jardin de la sorcière. C'est l'arbre de l'amour enchanté. Quiconque s'assied sur la balançoire de cet arbre verra le reflet de son cœur venir se poser à ses côtés. C'est le miroir de l'amour, de la romance et de l'affection.

Le deux de Coupes est la carte du mariage et des vœux amoureux. Il s'agit de la relation posée et stable de deux personnes qui survit aux mois, aux années et aux décennies. Le deux de Coupes reflète souvent les relations amoureuses, mais évoque aussi d'autres relations fortes entre des êtres, comme on peut en avoir avec un animal de compagnie bien-aimé, un enfant adoré ou dans le cadre d'un travail auquel on se dédie corps et âme.

Le secret du deux de Coupes est de ne pas se précipiter. L'arbre de l'amour pousse en nous tous. Lorsque nous nous précipitons sans réfléchir pour vivre une expérience et que nos émotions ne sont pas authentiques, nous finissons souvent dans une relation qui n'est pas optimale.

Prenez le temps de vous aligner sur l'instant présent. Vous vous balancerez pour l'éternité sous l'arbre de la vie et de l'amour avec les bons partenaires en restant fidèle à la beauté de qui vous êtes.

À L'ENDROIT : Douce idylle. Attirance amoureuse. Le plaisir et l'enchantement que l'on peut éprouver envers une autre personne, dans un autre lieu ou vis-à-vis d'une autre chose. Reflet du cœur. Reconnaissance. Intimité. Mariage secret.

À L'ENVERS : Une relation qui ne correspond pas aux attentes. Déconnexion. Rejet.

• • • • • •

Pour rectifier l'inversion, posez la question :
Comment puis-je établir des limites ?

Trois de Coupes

L'amitié

Mercure en Cancer

Pommes rougeoyantes, un vin grenat se met à couler

Des secrets chuchotés entre proches amies.

Trois âmes se rassemblent, elles se sont réunies

Pas de sort que l'on ne saurait jeter.

Trois jeteuses de sorts se rassemblent autour d'un tonneau rempli d'eau et de pommes. Elles trinquent avec le breuvage enchanté qu'il contient. C'est le vin de l'amitié. Les joues roses trahissent leur joie profonde d'être réunies. Elles exaltent et élèvent l'esprit d'unité et de dévotion. Le trois de Coupes, à son niveau le plus profond, représente la magie d'être réunis.

Le secret du trois de Coupes est la créativité qui découle des sentiments d'appartenance et d'unité. Les feuilles craquantes planent sur les brises automnales. L'abondance de courges, de citrouilles et de vignes symbolise la manifestation. Trois crapauds se joignent aux sorcières dans leurs réjouissances, se délectant chacun à un stade différent de l'ivresse. L'un rit, l'autre danse et le troisième s'est évanoui. Cela marque les étapes émotionnelles de la création, du début à la fin. Le vin se répand sur le sol pour montrer le bonheur rendu à la terre.

Le trois de Coupes apparaît lorsqu'il y a lieu de faire la fête. Il rappelle à la personne qui lit les cartes que chaque instant de la journée est porteur d'un potentiel de joie. La magie des récoltes d'automne est toujours là, tout en dessous de la surface. Il suffit d'y croire pour le voir.

À L'ENDROIT : Amitié, réjouissances et célébrations. Relations de toute une vie. Rassemblement avec vos proches les plus chers. Fruits du succès. Le féminin sacré. Partager des cadeaux avec les autres. Les autres partagent des cadeaux avec vous.

À L'ENVERS : Comportement passif-agressif. Troubles au sein d'un groupe d'amis. Incapacité à se réjouir de la réussite d'autrui.

• • • • • •

Pour rectifier l'inversion, posez la question :
Comment puis-je refléter la lumière qui brille en autrui ?

Quatre de Coupes

Surprise

Lune en Cancer

Tristesse, morosité, dépression vous guettent

Dormir est tout ce que votre être souhaite.

Si l'obscurité tombe, regardez autour de vous

Car de précieux cadeaux seront bientôt à vous.

Une fée s'abrite sous le chapeau d'un champignon spongieux. Ses bras croisés et ses sourcils froncés suggèrent un esprit tourmenté et une attitude grincheuse. Trois coupes sont disposées devant elle. Elle ne voit pas son amie qui s'apprête à la surprendre avec une quatrième coupe. Le quatre de Coupes apparaît pour indiquer que des cadeaux arrivent au moment où on s'y attend le moins.

Le quatre de Coupes nous rappelle que la nature des émotions est aussi inconstante que la météo au printemps. La nature de cette carte est ancrée dans la stabilité émotionnelle. Elle évoque une forte disposition d'esprit, mais personne n'est heureux à tout moment. La capacité à ressentir et à traiter toutes les émotions, y compris les humeurs mélancoliques, est un signe de bonne santé mentale. Les émotions sont en perpétuel mouvement ; l'essentiel est de les ressentir sans s'y identifier. Le quatre de Coupes nous rappelle la rapidité avec laquelle nous pouvons passer de l'une à l'autre. Il nous rappelle également qu'il faut toujours savoir rester réceptif à l'inattendu.

Regarder au-delà de notre propre réalité procure un antidote à l'apitoiement sur soi. L'introspection a toute sa place ; cependant, utilisez votre conscience active et votre curiosité personnelle afin d'explorer le monde extérieur. Cultivez votre capacité à porter votre attention à l'extérieur de vous-même, découvrez un paysage fait de merveilles et laissez ceux que vous appréciez vous remonter le moral.

À L'ENDROIT : Se complaire dans un excès d'émotions. L'arbre qui cache la forêt. Les situations changent en un clin d'œil. Rester ouvert à l'inattendu. Des cadeaux cachés sont sur le point d'être révélés. Ôtez vos propres œillères.

À L'ENVERS : Blocage émotionnel ou effusion inattendue. Cherchez de l'aide, prenez conseil et équilibrez vos problèmes émotionnels.

• • • • • •

Pour rectifier l'inversion, posez la question :
Comment voir au-delà de la situation actuelle ?

Cinq de Coupes

Dépression

Mars en Scorpion

Tristesse, chagrin d'amour, chacun y fait face

Quand le chagrin frappe, un endroit bien douillet.

Ressentir la douleur offre un remède efficace

Ramasser les morceaux, de nouveau essayer.

Une sorcière se tient dans un paysage morne et triste. Sa robe est retenue par une ceinture de myosotis, les fleurs du souvenir et du regret de l'amour perdu. Des pétales bleus ornent ses cheveux tressés d'une tristesse aussi profonde que le lit d'un ancien fleuve. Trois coupes sont renversées. Des liquides rouge sang, vert bile et jaune toxique se déversent dans l'herbe qui borde le fleuve. C'est une mélancolie empoisonnée. Deux coupes sont posées derrière elle. Va-t-elle les remplir de ce breuvage infâme et en boire davantage ? Va-t-elle changer de cap et traverser le pont de pierre ? La maison offre le confort chaleureux d'un feu de cheminée et un abri contre le ciel menaçant. Elle n'a pas besoin de l'aide des autres et il lui appartient de passer d'une réalité à l'autre de son plein gré.

Dans un tirage, le cinq de Coupes apparaît pour marquer les choix auxquels nous sommes confrontés seuls. La tristesse et la dépendance sont palpables. Reviendrez-vous à la source intarissable de la douleur et de la souffrance émotionnelle ou déciderez-vous de rompre le cycle, une fois pour toutes ? Pour rompre le charme, il est essentiel de franchir de nouveaux horizons.

Ce n'est qu'à ce moment-là que vous pourrez remplir votre coupe d'élixirs de bonne santé, de bonheur, de plaisir et de satisfaction. C'est à vous de choisir. Personne d'autre que vous ne peut vous sauver.

À L'ENDROIT : Déconnexion. Manque d'émotion. Addiction, tristesse et dépression. Avoir le choix entre répéter les mêmes choses ou les modifier. Des temps sombres mais liberté d'aller de l'avant. Ce dont vous avez besoin est juste devant vous.

À L'ENVERS : Les vieux comportements sont libérés. Éviter les pièges émotionnels. Se détacher de ce qui ne sert plus votre partie divine.

• • • • • •

Pour rectifier l'inversion, posez la question :
Comment puis-je me défendre moi-même ?

Six de Coupes

Cadeau

Soleil en Scorpion

Faveurs féeriques et coupes enchantées
Parmi les fées se reposant de leur vol.
Au fond d'un nid du jardin, caché dans le sol
Un doux souvenir qui réchauffe le marais.

Le six de Coupes révèle deux créatures féeriques cachées dans une chambre souterraine dans le sous-sol du jardin. Les racines d'une betterave violette sont déployées comme les doigts d'une sorcière. Un cloporte sert de siège confortable à un elfe, tandis que des mille-pattes passent tels des trains dodus à la recherche de nourriture. Une fée contemple le cadeau. La coupe brille d'une énergie éclatante et vibrante. Des fleurs couleur ivoire y poussent, symbolisant l'essence manifestée de la beauté et de l'amour innocent. Le secret du six de Coupes est que donner et recevoir sont les deux faces d'une même pièce.

Le six de Coupes renvoie aux cadeaux du cœur qui rappellent les plaisirs de l'enfance. C'est le sentiment d'une adoration pure et absolue. C'est un lieu de confort familier, une promenade le long du sentier des souvenirs. C'est porter un regard sur les souvenirs à travers des lunettes teintées en rose. La carte révèle la possibilité de retrouver les plaisirs du passé dans le présent. Rien n'est perdu à jamais. Les vers nous rappellent les « trous de ver » que sont les fils d'or qui nous relient à des personnes uniques. C'est le lien éternel de l'amour.

À L'ENDROIT : Donner et recevoir. Cadeaux du cœur. Souvenirs, bonheur et réconfort. Le sentiment de se sentir enfin chez soi, entouré de tout ce que l'on aime. Connexion et gratitude. Le bonheur et le plaisir. Offrandes de l'amour.

À L'ENVERS : Se donner aux personnes qui ne peuvent pas vous rendre votre amour et votre affection. Incapable d'accepter les cadeaux et la tendresse. Remplacer la joie par la colère et l'amour par la fureur.

• • • • • •

Pour rectifier l'inversion, posez la question :
Comment puis-je pratiquer l'acceptation ?

Sept de Coupes

Possibilité

Vénus en Scorpion

Là où les coupes sont gorgées

Le cœur voudra voyager.

Prenez le temps et vous saurez

Lisez ce poème et vous verrez.

Assise dans une remise consacrée au rempotage, une sorcière tient une bouture de lavande dans sa main. Elle marque une pause pour travailler avec l'énergie de la lavande qui lui jette un sort, la transportant dans le monde souterrain de la protection psychique, de la guérison et du calme intérieur. Son imagination s'emballe. Les résultats magiques des sortilèges éprouvés et authentiques trônent sur les étagères. C'est comme si les résultats d'un grimoire étaient exposés au grand jour. Cela nous rappelle que la magie la plus riche et la plus efficace se trouve toujours devant nous. Utilisez vos yeux pour la voir.

Le sept de Coupes évoque les possibilités et l'imagination. Les sept coupes reflètent l'opportunité, la direction et le choix. Chaque coupe est reliée à un arcane majeur. Le sept de Coupes comporte sept secrets qui sont décrits dans le passage qui suit, en partant de la coupe tout en haut au milieu, puis en descendant de la gauche vers la droite :

Coupe n° 1 : Une couronne de victoire éclatante s'élève de la coupe, la reliant à la carte du Monde. Le symbole alchimique de Saturne est gravé sur la coupe. Sur la gauche, un crâne se trouve à gauche afin de rappeler l'illusion trompeuse du succès.

Coupe n° 2 : Une minuscule déesse de l'Amour vêtue d'une tunique émerge de la coupe. Le signe de Vénus est gravé sur la coupe, la reliant à la sensualité et à la créativité charnelle de la carte de l'Impératrice.

Coupe n° 3 : Un serpent sort de la coupe gravée du glyphe astrologique de Mercure. Il nous renvoie à la ceinture-serpent traditionnelle de la Magicienne et remplit la coupe avec l'énergie de la conjuration.

Coupe n° 4 : Une silhouette voilée s'élève depuis l'intérieur de la coupe. La lune croissante est gravée sur la coupe, ce qui la relie à la Grande Prêtresse. Cette coupe est associée à tous les aspects de la puissance lunaire.

Coupe n° 5 : Un dragon se dresse dans la coupe. Le symbole alchimique du soleil relie cette coupe à la carte du Soleil et à la puissance croissante de l'énergie solaire.

Coupe n° 6 : Un château dont les tourelles le relient à la carte de la Tour se dresse dans la coupe. Le symbole de Mars gravé dans la coupe prolonge son énergie de désir et d'action.

Coupe n° 7 : On trouve des bijoux étincelants qui brillent d'une lueur kaléidoscopique dans la dernière coupe, associée à la Roue de Fortune. Le symbole de Jupiter est gravé sur la coupe afin d'accroître ses propriétés de chance et de bonne fortune.

À l'endroit : Possibilités multiples. Choix. Options. Ce qui attend d'être manifesté. Décisions. L'imagination débridée. Lancer des sorts efficaces qui se manifestent dans l'individualité et la beauté singulière.

À l'envers : Blocage qui empêche d'avoir une vue d'ensemble claire. Sous-estimer ses propres dons. Donner de la magie et de l'attention en se concentrant sur les autres plutôt que sur soi.

• • • • • •

Pour rectifier l'inversion, posez la question :
Comment puis-je mieux me concentrer ?

Huít de Coupes

Départ

Saturne en Poissons

Prenez la clé des champs

Opportun est cet instant.

Votre moment est arrivé

Accueillez la nuit tombée.

Le huit de Coupes apparaît dans ces rares moments où vous êtes prête à renoncer à ce que vous avez afin d'obtenir ce dont vous avez besoin. Une silhouette masquée s'éloigne de huit coupes vides empilées. Elle se sert d'une canne pour avancer sur un chemin caillouteux. La lune est venue se glisser par-dessus le soleil, formant ainsi une éclipse solaire. D'étranges ombres doubles viennent recouvrir la scène alors que l'ombre circulaire de l'éclipse embrasse le paysage. Une faible lueur se dessine sur les montagnes pendant ce moment de transition.

Les Coupes du tarot sont généralement remplies de lumière positive émotionnelle. Les coupes vides reflètent ce qui mérite d'être laissé derrière soi. Il n'y a aucun risque car il n'y a aucun attachement. Une curiosité sincère et une volonté d'accueillir l'inconnu dans sa vie caractérisent cette carte.

Le huit de Coupes marque la première étape du voyage de l'Hermite. C'est le voyage qui mène vers la connaissance de soi et vers la sagesse.

C'est la capacité de s'affranchir de tous les attachements – qu'ils soient bons, mauvais ou entre les deux – qui révèle la croissance et le courage.

Le secret du huit de Coupes réside dans le fait que rien n'est véritablement laissé derrière soi. La vie évolue avec vous.

À L'ENDROIT : Aller de l'avant sur les plans physique et émotionnel. Renoncer à ce que l'on a pour obtenir ce dont on a besoin. Départ de grande envergure, selon vos propres termes. Le moment est venu de dire au revoir. Emprunter la voie royale.

À L'ENVERS : Blocage devant un obstacle. Incapable de se libérer de ses chaînes émotionnelles. Peine infondée. Gaspillage excessif.

• • • • • •

Pour rectifier l'inversion, posez la question :
Que dois-je laisser derrière moi ?

Neuf de Coupes

Oui

Jupiter en Poissons

L'eau sous les ponts continue de couler

Une nymphe aux yeux verts vient se faire pardonner.

Au fond de vous, vous n'en avez jamais douté

Votre rêve, un jour, sera réalité.

Notre vœu est exaucé ! Une créature aquatique mythique émerge d'en dessous du pont de pierre. Tel un génie dans une bouteille, elle vous offre la magie que vous recherchez. Neuf coupes sont alignées sur le pont, reflétant toute l'émotion contenue de vos espoirs et de vos rêves.

Le moment est venu de faire des folies, de se faire plaisir et de goûter aux plaisirs de la vie. C'est le plaisir que procurent la réalisation des rêves et le bonheur qu'il contient. Le pont symbolise la transition d'une réalité à une autre. C'est la frontière à partir de laquelle la vie ne sera plus jamais la même.

Le secret du neuf de Coupes réside en la boîte de Pandore qui apparaît sous la forme d'un coffre fermé à clé, caché sous le pont. Elle contient les conséquences (les bonnes comme les mauvaises ainsi que toutes celles entre les deux) inhérentes à la réalisation d'un désir. Réfléchissez bien à ce que vous souhaitez. Cette carte vient vous dire que vous l'obtiendrez. Savourez ce moment de satisfaction.

À L'ENDROIT : La réponse est oui. Réalisation des souhaits. Plaisir et bonheur. Ravissement et alignement. Obtenir ce que l'on veut.

À L'ENVERS : Déception après avoir reçu ce que l'on avait demandé. Désir de remonter le temps. Incapable d'apprécier les cadeaux de la vie. Trop peu, trop tard.

• • • • • •

Pour rectifier l'inversion, posez la question :
Quelle est la conséquence imprévue ?

Dix de Coupes

Bonheur

Mars en Poissons

Dans l'amour, la lumière, le plaisir et la paix

Partagez les délices et savourez la joie.

Avec amour, lumière, sans blesser qui que ce soit

Le sort des émotions est désormais terminé.

Le dix de Coupes révèle le bonheur familial. Un couple se tient debout, dans les bras l'une de l'autre, tout en ouvrant leur cœur à un arc-en-ciel sur lequel on peut voir dix coupes éblouissantes. Des pics montagneux au loin nous renvoient au voyage de la Folle. C'est la capacité de chérir toutes les émotions et les leçons de la vie. La joie et la fête sont célébrées au sein de la communauté et de la famille que vous avez créées.

Un garçon et une fille dansent tandis qu'un félin endormi et son ami canin sont blottis l'un contre l'autre. La ferme, les jardins et les champs sont couronnés d'un arc-en-ciel. L'image nous renvoie au foyer que nous nous créons dans ce monde. Nous recherchons tous la joie, l'amour et le bonheur.

La ferme se dresse au loin, entourée de jardins et de champs, de collines et d'arbres de la propriété. La rivière n'est pas loin et le jardin luxuriant recouvre la carte. Des tomates mûres – que l'on surnomme parfois « pommes d'amour » – poussent sur une tige.

Cette carte est l'aboutissement d'un travail acharné, de l'amour et de la magie qui en découlent. C'est l'alliance avec la famille que vous avez choisie. Le dix de Coupes, dans son aspect le plus élevé, représente le fait d'être chez soi en soi et donc chez soi dans le monde. C'est la carte du « ils se marièrent et eurent beaucoup d'enfants » des contes de fées. Le secret de cette carte est qu'il n'y a pas de bonheur éternel ; il n'y a que l'instant présent.

À L'ENDROIT : Célébration et plaisirs. Foyer, bonheur et satisfaction. Chez soi dans le monde. Le vrai plaisir. Amour profond. Tout ira bien.

À L'ENVERS : Tensions dans la vie familiale. Instabilité familiale. La famille vous étouffe. Envie de s'enfuir. Les vieilles rengaines et habitudes provoquent le pire.

• • • • • •

Pour rectifier l'inversion, posez la question :
Quel petit ajustement permettrait de rassembler tout le monde ?

La suite d'Épées

As d'Épées

Commencement

Racine des puissances de l'air

Épée étincelante, chauves-souris envolées

Il se passe quelque chose avant la nuit tombée.

Suivez votre instinct ; ce qui est fait est fait

Votre pas est léger, votre sort est jeté.

Les cloches sonnent midi dans la vallée alors que la lumière vive du jour illumine le royaume de la pensée et de l'esprit. L'acuité mentale se révèle sous la forme d'une lame tranchante comme un rasoir, fermement tenue par la main de la sorcière. L'ombre et la lumière jouent sur les deux côtés de la lame, révélant l'éclat et l'obscurité reliés l'un à l'autre de manière équilibrée. Tous les aspects sont pris en compte.

Les nuages s'accumulent, créant un point d'entrée depuis le monde invisible. Une nouvelle illumination, une seule idée nouvelle, a le pouvoir de changer le cours d'une vie et donc le monde. Le secret de l'as d'Épées est de faire confiance à son premier instinct. Le tirage de cette carte nous rappelle qu'il faut faire confiance aux idées qui nous viennent à l'esprit.

La couronne d'or suggère un esprit vainqueur en phase avec le moi supérieur. L'achillée (symbole de courage), les orchidées roses (dont les racines sont broyées pour des potions d'amour) et les violettes (glissées sous votre oreiller pour faire des rêves prophétiques) se déploient, fleurissent et tombent de la couronne du monarque pour révéler la concrétisation. Des résultats spectaculaires fleurissent grâce à des plans bien exécutés. Gardez le cap. Ayez confiance en vous.

À L'ENDROIT : Pensée claire. Pensées gagnantes. Avoir confiance en ce que vous savez. Projets excellents. Une intuition aiguisée. Le triomphe. Votre pensée initiale est clairement transmise. Les idées vous viennent rapidement. L'action s'ensuivra certainement.

À L'ENVERS : Figer vos projets. Se tenir fermement à ce que vous savez. Refus de bouger d'un pouce.

• • • • • •

Pour rectifier l'inversion, posez la question :
Quel est mon mantra ?

Deux d'Épées

Méditation

Lune en Balance

Croix de bois, croix de fer

N'allez pas en enfer.

Vous tous, partez ! Dans votre œil un chardon,

Les idées caustiques les épées écarteront.

Le deux d'Épées révèle une sorcière qui s'est volontairement bandé les yeux. Afin d'échapper à la confusion, elle se tourne vers l'intérieur pour cultiver la sagesse et la clarté d'esprit. Cessez d'écouter les bavardages incessants. Penchez-vous sur l'appel de l'âme. Écoutez la voix intérieure de la Grande Prêtresse qui est en vous.

Les plantes autour de la sorcière poussent vers elle : de la menthe sauvage (à ajouter à la citronnade pour favoriser la clarté de communication), du romarin épineux (améliore la mémoire) et du chardon violet (absorbe la négativité). Elles se dirigent vers elle comme la manifestation des opinions et des pensées des autres.

La sorcière tient deux épées en position de protection au-dessus de son cœur. Le secret de cette carte est d'élever des boucliers protecteurs. Elle ne blessera personne qui souhaite lui venir en aide, mais elle prendra sa décision seule. Le deux d'Épées marque la contemplation solitaire du moi.

À L'ENDROIT : Prêtez attention à votre voix intérieure. Vous n'avez pas besoin des conseils des autres. Tirez des enseignements de vos expériences. Vous êtes la seule à prendre cette décision qui se présente à vous. Sanctuaire intérieur de la pensée. Repoussez les distractions. Écartez-vous des autres. Protégez votre cœur.

À L'ENVERS : Confusion et agitation mentale. Accorder trop de confiance aux conseils d'autrui. Les risques liés au fait de laisser les autres déterminer ce qui est le mieux pour soi. Distraction.

• • • • • •

Pour rectifier l'inversion, posez la question :
Comment puis-je cesser de me soucier de ce que les autres pensent de moi ?

Trois d'Épées

Peine de cœur

Saturne en Balance

Le cœur brisé, blessé, déchiré

Art de trahir, chair transpercée.

Évacuez la douleur, libérez-la

Une fois rétabli, le cœur regonflera.

Le trois d'Épées nous montre une sorcière au sol, le dos voûté, comme si quelque chose lui avait été arraché de la poitrine. Ses cheveux semblent se déverser comme les émotions d'un cœur brisé. Il s'agit d'un chagrin d'amour, d'une douleur et d'une trahison dus à un triangle amoureux. C'est la douleur infligée par le sentiment de rejet, la découverte que l'être aimé ne vous aime pas en retour et qu'il a trahi votre confiance. C'est la carte du chagrin, de la perte et de la tristesse.

En allant plus en profondeur, vous découvrirez que le trois d'Épées est une carte de guérison chamanique. Afin de retirer le venin, il faut l'aspirer. Lorsque la maladie est retirée, elle laisse une marque vide. C'est la carte du chagrin d'amour, mais aussi de l'élimination de ce qui ne sert plus l'individu. La douleur est ôtée et éloignée grâce aux trois épées tranchantes de la vérité. Les corbeaux sont des messagers métamorphes qui apportent la guérison. Le cynorrhodon est le fruit du rosier et est associé à l'amour, à la guérison et au pouvoir psychique.

Donnez au moi l'espace et le temps qui lui sont nécessaires pour guérir. La vulnérabilité nouvellement trouvée apporte son lot d'opportunités. Évoluez au-delà des vieux schémas et des vieilles histoires qui s'essoufflent. Le secret de cette carte est l'ouverture du cœur. Cette dernière fait mal. La beauté et la douleur ouvrent le cœur afin de l'aider à mieux s'adapter. Le processus n'est pas aisé mais il est essentiel.

À L'ENDROIT : Peine de cœur, trahison et tristesse. Ouverture du cœur. Guérison chamanique. Voyage au cœur de ce que vous êtes. Réécriture de l'histoire. Accueillir l'inconfort afin de le dépasser.

À L'ENVERS : Éviter la douleur qui doit être affrontée. Les vieux schémas ont guéri. Vous vous libérez de celui qui vous a fait du mal.

• • • • • •

Pour rectifier l'inversion, posez la question :
Comment puis-je faire face à ce qui me met mal à l'aise ?

Quatre d'Épées

Repos

Jupiter en Balance

La poudre de houblon offre un sommeil d'or
Les pensées s'apaisent tandis que l'on s'endort.
Le sommeil de la valériane de rêves est peuplé
De tant de visions nocturnes à conserver.

Une femme accablée par l'insomnie s'est rendue au jardin de la sorcière afin d'y trouver un sort pour dormir. La lavande et la valériane l'ont bercée jusqu'à ce qu'elle s'endorme. Le tumulte de ses pensées s'évanouit et son esprit se régénère. Elle se repose aux côtés d'un chat du jardin, enveloppée dans une atmosphère douce et chaleureuse au sein d'une ancienne bâtisse qui a délicieusement cédé au temps.

Le quatre d'Épées évoque le sommeil parfait. C'est la carte d'un esprit paisible, complètement au repos. Le chiffre quatre de cette carte renvoie à la stabilité de la pensée à tous points de vue. Un sentiment de paix est entretenu. Vous faites confiance à ce que vous savez. Les pensées, les idées et les histoires ne s'emballent pas. Les idées sont prises en compte et libérées. De nouvelles pensées sont envisagées sans pour autant s'empêtrer dans l'ego. De nouvelles idées intéressantes naissent. Deux épées pointées vers le haut et deux épées pointées vers le bas montrent la vulnérabilité ainsi que la capacité à protéger le moi s'il le faut.

Le secret du quatre d'Épées est qu'il est important de prendre soin de soi car seules les sorcières en bonne santé peuvent jeter des sorts efficaces. C'est l'amour et la protection qui s'étendent au domaine de l'esprit et de la pensée.

À L'ENDROIT : Pensées stables. Le plaisir à prendre des décisions. Bien se reposer. Esprit, âme et corps confiants. Une pause permettant d'imaginer et de contempler l'avenir. Un message bien envoyé. Des nuits reposantes. Restauration de l'esprit, du corps et de l'âme.

À L'ENVERS : Un esprit en plein désarroi. Ne pas faire confiance à ce qui est imaginé ou vu avec l'œil de l'esprit.

• • • • • •

Pour rectifier l'inversion, posez la question :
Comment puis-je éliminer les distractions mentales ?

Cinq d'Épées

Cruauté

Vénus en Verseau

Le laurier-rose est des tueurs le plus doux
La cruauté nous ébranle par-dessus tout.
Il faut bien remuer le chaudron de l'esprit
Dès que les sorcières manient la perfidie.

Une scène effrayante se déroule dans les vestiges d'une ancienne serre. Une femme à l'allure sévère mais royale se tient sur un escalier en colimaçon et pointe une épée vers une jeune sorcière. L'agresseuse tient sa main sur deux épées qu'elle semble avoir dérobées. Une jeune fille regarde à travers une fenêtre comme si elle venait à l'instant de tomber sur cette scène violente.

Le cinq d'Épées indique une scène de cruauté insoutenable au cours de laquelle quelqu'un est traité de manière injuste. Des personnages plus âgés et plus jeunes sont représentés pour mettre en évidence les traumatismes et les comportements hérités. Nous changeons de schémas lorsque nous cessons de réagir inconsciemment et que nous commençons à faire face à la situation qui se présente à nous. Comment pouvons-nous relever les défis d'une nouvelle manière ? Les plus grands méchants du monde justifient leurs actes. L'observateur est le témoin de la cruauté et de l'injustice. Quelle est la responsabilité du témoin ?

Le cinq d'Épées renvoie à la victimisation et à l'agression.

Le secret de cette carte réside dans le fait que la façon dont vous traitez les autres est le reflet de la façon dont vous vous percevez vous-même. Les gens se servent de leurs problèmes pour dominer. Savoir cela équivaut à connaître la personne assise en face de vous. Le poison amer de la carte traduit la cruauté des mots. Utiliser le venin contre autrui revient à l'utiliser contre soi. Les blessures coupantes infligées par les mots continuent de se faire sentir pendant des mois, des années, voire toute une vie.

À L'ENDROIT : Statut de victime et trahison. Une lutte injuste. Confrontation mesquine. Prendre plaisir à la cruauté. Assumez la responsabilité de ce qui est dit et fait. Reconnaissez le rôle que vous jouez dans vos relations.

À L'ENVERS : Évitez les situations douloureuses dans lesquelles vous aviez l'habitude de vous laisser entraîner. Refusez de participer à un mélodrame provoqué par la foule.

• • • • • •

Pour rectifier l'inversion, posez la question :
Comment puis-je m'adresser à ceux qui m'intimident avec bienveillance ?

Six d'Épées

Voyage

Mercure en Verseau

Sur un rivage lointain, l'eau vient clapoter

Ce qui un jour fut, à présent n'est plus.

L'épée guide, la sagesse aiguisée sait

Dévoilez le chemin, la lumière bien en vue.

Une sorcière est assise à l'avant d'un bateau élancé en bois qui fend silencieusement l'eau calme. Une épée émane de son chakra du cœur et plane au-dessus de ses paumes ouvertes. C'est la force qui guide l'instinct et l'intellect. Elle suit la boussole de l'âme. L'épée brille d'une magie intérieure.

Le six d'Épées part dans une nouvelle direction. Il suit la boussole intérieure et vous découvrez votre vrai nord. L'épée illumine son visage d'une lueur réconfortante. L'heure est à la vigilance et à la pleine concentration. Le ciel clair et l'eau calme représentent un esprit serein. Cinq épées se déploient derrière elle. Elle emporte avec elle ses leçons. Elle n'oublie pas d'où elle vient. Un mystérieux passeur fait avancer le bateau. La figure évoque la traversée du fleuve Hadès. Un enfant pose sa tête sur la cuisse de la sorcière, symbole d'amour nourricier et de confiance. Ceci n'est pas un voyage solitaire.

Les trois personnages représentent les trois étapes de la vie et nos liens ancestraux. C'est une tapisserie familiale. Chacun d'entre nous est une incarnation vivante de ceux qui nous ont précédés et de ceux qui nous suivront. La guérison du moi permet de guérir rétroactivement les générations précédentes et les suivantes.

À L'ENDROIT : Voyager avec des compagnons de route. Transformer la réalité actuelle. Des temps meilleurs se profilent à l'horizon. Liens émotionnels profonds. Faire confiance à son instinct et à sa perspicacité pour aller de l'avant, même dans l'obscurité et la confusion. Savoir que l'on n'est jamais seul. Créer un nouveau chemin. Voyage et mouvement.

À L'ENVERS : Impossibilité d'évoluer alors qu'il est important d'aller de l'avant. Accordez autant d'importance à votre tête qu'à votre cœur.

• • • • • •

Pour rectifier l'inversion, posez la question :
Comment puis-je aller de l'avant ?

Sept d'Épées

Tromperie

Lune en Verseau

Fuyez prestement les conspirations

Planifiez votre projet, il doit commencer.

Exécutez avec soin le plan dérobé

Esquivez le souffle perfide des soupçons.

Le sept d'Épées représente les multiples réalités d'un plan d'évasion. Deux corbeaux perchés au-dessus du personnage l'observent et l'appellent. Ils symbolisent le sens moral intérieur et la certitude que l'univers observe tout ce que vous faites. Vous pouvez penser que vous êtes capable d'échapper aux conséquences de vos actions, mais est-ce vraiment le cas ? Tout le monde doit payer sa dette karmique. Vos projets secrets pourraient ne pas aboutir. Évaluez les risques encourus avant d'agir.

Le secret du sept d'Épées est la magie qui réside dans le fait de ne prendre que ce dont vous avez besoin. Il est important de faire des ajustements. La protagoniste regarde derrière elle ; le passé la hante-t-il ? Est-elle influencée par de vieux fantômes ou est-elle en phase avec ce qui se passe dans le présent ? Se débrouille-t-elle seule par nécessité ou fuit-elle la compagnie des autres ? L'aspect le plus important de cette carte est qu'il faut comprendre ses propres motivations afin de parvenir au succès.

À L'ENDROIT : S'en tirer à bon compte. Se déplacer sous le couvert de l'obscurité. Prendre ce dont on a besoin. S'échapper sans être vu. Un secret à protéger. Être prêt à tout risquer.

À L'ENVERS : L'avidité et vouloir tout avoir pour soi. Une idée qui finira par se retourner contre vous. Perdre tout ce que l'on a gagné.

• • • • • •

Pour rectifier l'inversion, posez la question :
Comment puis-je réévaluer la situation ?

Huit d'Épées

Entrave

Jupiter en Gémeaux

Projection d'une lune tourmentée
Ce qui s'agite bientôt s'éveillera.
Dérive ligotée, les yeux aveuglés
Les pires cauchemars, l'esprit vous créera.

Quelque chose de mauvais se profile à l'horizon. Une pleine lune orageuse éclaire le huit d'Épées. Un ancien bassin en pierre à l'eau miroitante est un portail vers l'autre monde. Des fleurs de lune et des morelles mortelles ornent son périmètre. Une sorcière ligotée plane au-dessus du portail avec une épée sous son chakra du cœur alors que sept autres sont plantées dans le sol.

Le huit d'Épées est la carte de l'entrave et de la captivité dans une situation qui échappe à votre contrôle. La signification ésotérique et le secret de cette carte révèlent une initiation occulte. La sorcière s'abandonne à une épreuve pénible pour, lorsqu'elle en émergera et se débandera les yeux, voir le monde d'un œil nouveau. Elle renaîtra. Appliquez cette lecture ésotérique à votre vie. Il n'y a que vous qui puissiez relever votre plus grand défi. L'accueillerez-vous de bon gré ? Appelez à l'aide ou demandez des conseils sans plus attendre, mais pour vaincre les démons intérieurs et les schémas répétitifs, c'est à vous d'y remédier.

À l'endroit : Initiation chamanique. Se sentir piégé. Isolement. Violence dirigée contre soi-même. Lutte intérieure. Essayer de contrôler ce qui ne peut être dompté. Abandonnez-vous au défi de le conquérir.

À l'envers : Traîtrise et circonstances imprévues. Tout est chamboulé.

• • • • • •

Pour rectifier l'inversion, posez la question :
Comment me sauver moi-même ?

Neuf d'Épées

Ruminer

Mars en Gémeaux

Ma tête, une ruche de guêpes prêtes à piquer
Les épées et la douleur que les ombres apportent.
Calmez votre esprit, cultivez repos et paix
Alors seulement, la libération sera à votre porte.

Une sorcière se réveille d'un cauchemar pendant sa sieste. Elle a dormi trop longtemps. Le soleil se couche derrière elle. Elle se sent hébétée et troublée. Un essaim d'abeilles sort d'un nid logé dans un arbre au tronc noueux. Les abeilles représentent le bourdonnement des pensées négatives. Un chat apeuré recule. Nos familiers ressentent ce que nous éprouvons. Des yeux luisent dans l'obscurité – ce sont d'autres pensées qui s'apprêtent à surgir.

Le neuf d'Épées apparaît lorsque vous vous retrouvez dans un cycle destructeur de pensées qui n'a ni but ni utilité. Reprenez le contrôle sur les doutes et les insécurités en vous concentrant en dehors de l'ego. Le crépuscule marque la frontière entre l'intérieur et l'extérieur et entre les pensées et la réalité. C'est l'espace flou où nous formons notre monde intérieur. Le neuf d'Épées représente le moment où les pensées deviennent insupportables. Il est essentiel de se battre pour son esprit et sa santé mentale. Soyez votre meilleur défenseur en trouvant des outils et des ressources qui vous aideront à gérer l'anxiété et le stress.

Le secret du neuf d'Épées est de reconnaître que les pensées en elles-mêmes n'ont aucun pouvoir à moins que l'on ne fasse corps avec elles. Prenez chaque pensée pour ce qu'elle est. Ressentez-la. Lâchez prise sur elle. Ce n'est pas parce qu'un mélodrame se joue dans notre esprit qu'il faut le laisser envahir notre vie réelle.

À L'ENDROIT : Obscurité de l'esprit. Anxiété paralysante. Perdu. Autoflagellation. Insomnie. Cauchemars. Terreurs nocturnes. Pensées destructrices. Angoisse. Crainte.

À L'ENVERS : Chercher des réponses. Éviter le cœur du problème. Déception et désespoir.

• • • • • •

Pour rectifier l'inversion, posez la question :
Comment puis-je changer de perspective ?

Dix d'Épées

Conclusion

Soleil en Gémeaux

Les opioïdes du pavot font dormir
Des problèmes infusent depuis une éternité.
« Sacrifiez-le-moi, semblent-ils dire,
Et une journée de plus, vous vivrez. »

Nous ne nous disputons pas avec la nature au sujet du changement de saisons. Nous acceptons les cadeaux que sont l'air vivifiant, le bruissement des feuilles et les couchers de soleil écarlates lorsque l'été devient l'automne. Et pourtant, pourquoi est-il si difficile de se débarrasser de nos pensées, habitudes et idées tenaces ? Le secret du dix d'Épées est de savoir quand lâcher prise.

Le dix d'Épées marque la mort de l'ego. C'est la fin d'un cycle de pensées qui vous a emprisonnée. La barrière entre vous et les possibilités s'effondre. La sorcière est empalée sur ses chakras sacré, solaire, et du cœur. Elle plante l'épée ultime profondément dans son cœur.

Les épées frappent nos centres émotionnels, faisant ressortir ce que nous ressentons à propos de nous-mêmes et donc du monde.

Tout comme la méchante sorcière de l'Ouest du *Magicien d'Oz* se servait de champs de coquelicots pour endormir Dorothy et ses amis, la sorcière rêve dans un champ de coquelicots.

Le coquelicot – à partir duquel l'opium est récolté pour produire de la codéine, de l'héroïne et de la morphine – se nourrit du sang de la sorcière. Le cycle est terminé, mais l'expérience perdure.

Le dix d'Épées est la carte de la mort métaphorique. La sorcière des champs sacrifie son ancien moi pour pouvoir rajeunir. La fontaine de Jouvence réside dans la liberté de l'esprit. Il faut laisser reposer les vieux cycles une fois pour toutes.

À L'ENDROIT : Ce qui est fait est fait. Résolution des histoires conflictuelles. Sacrifice. Fins importantes. L'effusion de sang métaphorique nourrit une nouvelle vie. La mort de l'ego. La paix après avoir enfin lâché prise.

À L'ENVERS : Vouloir se libérer mais ne pas savoir comment. Confusion.

• • • • • •

Pour rectifier l'inversion, posez la question :
Comment puis-je mettre fin à cette situation dans la bienveillance ?

La suite de Deniers

As de Deniers

Germe

Racine des pouvoirs de la terre

Main de sorcière et rosée du matin

Rien que pour vous, une chose s'en vient.

Digitales à clochettes et soie d'araignée

C'est le moment : vos sorts, il faut préparer.

Le soleil levant baigne de sa lumière le jardin de la sorcière tandis que des doigts ensorcelants caressent un denier vert et or. La sorcière recueille dans sa paume l'énergie de la manifestation universelle. Le denier représente la semence de toute création dans le monde. L'opportunité est à portée de main.

La main de la sorcière émerge d'un amas d'épais nuages blancs. Les nuages apparaissent dans le tarot comme une porte entre les mondes invisibles et visibles. L'as de Deniers marque une apparition, un héritage ou une opportunité impliquant de l'argent. Il s'agit de nouvelles choses matérielles telles qu'une possession, une maison ou une voiture. Il suggère également un enfant ou un nouvel ami, car les deniers sont reliés aux personnes qui peuplent nos vies.

Une araignée filant un fil d'argent suggère de tisser des histoires autour de l'estime de soi. La valeur que nous nous accordons à nous-mêmes est révélée à travers la façon dont nous convoitons les biens des autres.

Que pensez-vous mériter ? Un chemin s'étend sous une voûte de pierre qui franchit les limites du jardin et mène vers le monde extérieur. Le retour aux sources vous appelle. Le secret de l'as de Deniers réside dans la façon dont vous déterminez votre propre destin. Affirmez qui vous êtes et chérissez ce que la vie vous offre.

À L'ENDROIT : Miracles de la manifestation. Une opportunité se présente à vous. Avoir les ressources nécessaires. Commencer un nouveau projet ou une nouvelle entreprise. Vous recevez de nombreux présents.

À L'ENVERS : Se retenir quand quelque chose veut émerger. Cacher des ressources pour soi au détriment des autres. Ne pas avoir ce dont vous avez besoin à cause du sentiment de ne pas en être assez digne.

• • • • • •

Pour rectifier l'inversion, posez la question :
Comment puis-je donner ?

Deux de Deniers

Division

Jupiter en Capricorne

Pressez-vous, hâtez-vous, allez !

Les animaux parcourent l'épaisse forêt.

Des possibles apparaissent, faites votre choix

Tenez toujours compte de votre petite voix.

Une toute petite élémentale de la terre manipule deux deniers qui tournent à la lueur d'une lemniscate. Un écureuil et un tamia sont présents, fascinés, et espèrent qu'un des deux jetons magiques tombera. Ils aimeraient en garder pour l'hiver.

Le deux de Deniers reflète l'échelle évolutive de la division. Un simple denier s'est dédoublé. Des possibilités s'offrent à nous. L'argent et les ressources se multiplient. Le secret du deux de Deniers réside dans le fait que l'énergie ne disparaît jamais mais se transforme. La fille de la terre le sait bien et elle en capte l'énergie pour son propre usage.

La vie est un jeu d'équilibre. Profitez de la danse en gardant le pas léger et essayez d'éviter de prendre les choses trop au sérieux. Appréciez les cycles énergétiques de la vie et apprenez à les canaliser. Reposez-vous au moment opportun. Travaillez lorsque des opportunités se présentent. Suivez le rythme de la nature et son énergie imprégnera chacun de vos gestes, intentions et actions.

À L'ENDROIT : Choix exquis. Évolution et croissance. Des opportunités se présentent. La joie que procure la création. Attraction magnétique basée sur ce que vous apportez dans ce monde. Dualité. Savourez le voyage. Réjouissez-vous dans la danse.

À L'ENVERS : Garder des secrets. Refus de laisser étinceler des talents. Peur des voleurs.

• • • • • •

Pour rectifier l'inversion, posez la question :
Comment puis-je gagner en légèreté ?

Trois de Deniers

Collaboration

Mars en Capricorne

Les artisans sculptent, les dessinateurs dessinent,
Les fées suivent le chemin enchanté.
À chacun ses talents particuliers.
La magie du trois sans cesse nous fascine.

Une sorcière artisane travaille assidûment sur un treillis dont le sommet est orné d'une triade de deniers. Une marmotte instruite et une fée de l'esprit des fleurs l'observent et toutes trois agissent ensemble. Les fleurs de lune blanches évoquent l'essence invisible de la magie du jardin. Des outils, de la peinture et du matériel créatif sont éparpillés çà et là. La sorcière artisane place une fleur dans ses cheveux et de ravissantes violettes dans la poche arrière de son pantalon.

Le trois de Deniers représente la collaboration qui mène à la concrétisation. Tout dans la vie est un échange énergétique où chacun donne et reçoit. L'union des talents et des compétences permet de réaliser des projets uniques et de nouer de nouvelles amitiés et alliances. Le secret de cette carte est une référence à la franc-maçonnerie avec le lien entre le banc, le tablier et l'outil de l'artiste. Elle renvoie à cette ancienne société secrète qui a reconnu que la vie que nous construisons autour de nous est le reflet du temple intérieur de l'âme.

Honorez les œuvres qui aspirent à naître de vos mains. Demandez de l'aide lorsque vous en avez besoin et collaborez avec ceux qui partagent spontanément leurs talents et leur inspiration. Vous êtes en train de construire quelque chose de beau.

À L'ENDROIT : Bien travailler avec les autres. Faire appel aux experts. Rénovation de la maison et du foyer. Construire quelque chose pour vous-même. Un projet porte ses fruits. Savoir-faire et collaboration.

À L'ENVERS : Un projet s'arrête brutalement. L'effort alourdit les résultats. Jeux de pouvoir entre les collaborateurs.

• • • • • •

Pour rectifier l'inversion, posez la question :
Comment puis-je collaborer dans la bienveillance ?

Quatre de Deniers

Stabilité

Soleil en Capricorne

Dur comme la pierre, solide comme le granit
Investir patiemment ses bienfaits vous révèle.
Les biens matériels vous rendent la vie belle
Mais que cela ne soit votre unique conduite.

Un homme cupide s'est glissé dans le jardin sans permission. Il a tenté de voler les trésors qui s'y trouvaient. Il n'a pas compris que ceux qui viennent commettre un vol sur une terre enchantée seront pétrifiés. C'est son obsession pour la richesse qui a conduit ce personnage, qui rappelle le roi Midas, à sa perte.

Les vignes rampantes renvoient à la même sensation d'emprise. Le quatre de Deniers apparaît lorsque vous avez récolté de solides résultats dans le monde matériel. L'épargne s'est accumulée, les affaires sont bonnes et stables et elles se maintiennent. Les relations sont bonnes.

Le secret de cette carte est de savoir quand changer de systèmes et d'habitudes. Il n'y avait aucun mal à être obsédée par la création de richesses lorsque cela était nécessaire. Mais êtes-vous encore prisonnière d'un comportement qui ne vous est plus utile ? Le quatre de Deniers symbolise la stabilité mais sert également d'avertissement afin de se concentrer sur les choses qui ont une véritable importance.

À l'endroit : Tentative désespérée de conserver ce qui ne nous a jamais appartenu. Tenir fermement les cordons de la bourse. La stabilité et la croissance sont à vous, mais ne les laissez pas se transformer en prison. Des fondations solides, autosuffisantes et stables.

À l'envers : Rien ne semble tenir. Un château de cartes qui ne cesse de s'écrouler. Rassemblez vos ressources afin de les faire fonctionner.

• • • • • •

Pour rectifier l'inversion, posez la question :
À quoi est-ce que je m'accroche ?

Cinq de Deniers

Difficultés

Mercure en Taureau

La neige printanière vient vous désespérer

Levez les yeux, la lumière vous verrez.

La pause d'un moment, vous constaterez

Que ce que vous cherchez est à votre portée.

C'est la nuit noire de l'âme. La neige humide et dense pèse sur la végétation délicate. Un couple traverse le *Zeitgeist*, l'esprit du temps. De mystérieux symboles ont été gravés sur d'antiques vitraux. L'homme s'effondre, désespéré, tandis que sa compagne le pousse à continuer d'avancer.

Le cinq de Deniers intervient pour refléter les hauts et les bas des relations à long terme. Cette carte représente en particulier les querelles et les défis concernant la sécurité matérielle et les questions financières. Les pensées à propos de l'argent sont souvent directement liées aux sentiments d'amour et d'estime de soi. Nous héritons de schémas et de comportements appris qui nous sont parfois utiles. Le danger réside dans le fait de continuer à appliquer ce qui ne nous sert plus.

Le secret de cette carte réside dans la lumière chaleureuse et continue qui vient de la fenêtre. Ce qu'ils cherchent est juste devant eux ; si seulement ils pouvaient le voir. Oubliez ce que vous savez déjà afin de trouver la meilleure solution.

À L'ENDROIT : Difficultés et pertes. Les vieilles disputes refont surface au sujet de nouvelles questions. Traversez ce moment et vous pourrez traverser n'importe quoi. Une occasion de résoudre des problèmes financiers de longue date. Se serrer les coudes contre vents et marées.

À L'ENVERS : Les situations déstabilisantes sont maîtrisées. Embûches financières évitées. Travail profond de l'âme sur les questions concernant l'estime de soi et sur la valeur des choses et de l'argent.

• • • • • •

Pour rectifier l'inversion, posez la question :
Qu'est-ce que ce défi peut m'enseigner ?

Six de Deniers

Générosité

Lune en Taureau

Des êtres chers réunis, profusion de présents

Ce qui était perdu est rapidement retrouvé.

Plus aucune raison de vous effrayer

Ce qui est à vous est partagé librement.

Une sorcière est assise sur les racines d'un saule ancestral. Elle tient une balance regorgeant de cadeaux pour tous. Ses plateaux font le même poids. Elle ne porte pas de jugement et n'attribue aucune valeur à ce qu'elle distribue. Elle attire toute la nature avec ses présents ; cerfs, écureuils et oiseaux accourent tous autour de cette fille de Gaïa.

Cette carte représente les moments où l'on donne et où l'on reçoit. Le secret de cette carte est la générosité sans compter. Elle évoque la capacité à accepter autant qu'à offrir. Les deux faces d'un même denier sont équivalentes. Les cadeaux qui ne sont pas offerts ne sont pas du tout des cadeaux, mais des poids et des mesures de l'ego. Rappelez-vous que vous êtes le cadeau que le monde recherche.

À L'ENDROIT : Cadeaux d'en haut et d'en bas. Charité. Subsistance accordée. Amour donné sans rien attendre en retour sous forme d'objets matériels. Charité et réciprocité.

À l'envers : Juger ceux que l'on aide. Sentiment de supériorité. Utilisation de l'argent pour alimenter l'ego.

• • • • • •

Pour rectifier l'inversion, posez la question :
Pourquoi est-ce que je juge les autres ?

Sept de Deniers

Récolte

Saturne en Taureau

Le temps des premières récoltes va vite venir
Les choix vous implorent de les cueillir.
Allez doucement, préparez ; nulle hâte
Avant de passer à la prochaine étape.

La sorcière d'Halloween s'arrête pour réfléchir à son avenir. Les citrouilles révèlent la manifestation de ses espoirs et de ses rêves. Elle a remporté un premier succès en utilisant sa magie avec intelligence et finesse. Son histoire n'est pas terminée ; d'autres choses se préparent. Elle est agréablement surprise de constater que son objectif dépasse les attentes. Tout s'est passé plus tôt que prévu. À présent, il est temps de modifier son plan de manière inattendue. Elle veut et a besoin de plus, mais n'étant pas sûre de ce qu'elle doit faire ensuite, elle consulte ses cartes.

Le sept de Deniers apparaît lorsque les résultats se manifestent promptement. Le secret de cette carte est que lorsque le dénouement est rapide, c'est un signe que vous êtes en harmonie avec la magie. Afin de continuer à avancer, il faut avoir une vision plus étendue et repenser les objectifs finaux. La magie la plus efficace est toujours surprenante.

À L'ENDROIT : Résultats constatés. Réfléchir sur ce qu'il reste à faire. Votre dur labeur a porté ses fruits. Réfléchir à ce qui nous attend. Vous avez des ressources fiables à portée de main et beaucoup de moyens pour y arriver.

À L'ENVERS : Des plans désastreux qui tournent mal. Perturbation. Incapacité à recouvrer ses esprits. Déconcentration.

• • • • • •

Pour rectifier l'inversion, posez la question :
Quelle décision puis-je prendre ?

Huit de Deniers

Le travail bien fait

Soleil en Vierge

Travail intense, créatif rayonnement

La vie en ébullition, vous êtes en mouvement.

Le travail sincère se manifeste rapidement

Connaissez-vous, rien de plus satisfaisant.

Le huit de Deniers rayonne de la lumière éclatante du soleil et de la beauté d'un parfait après-midi de juin. Une jardinière surveille un atelier en plein air. Des vignes et des fleurs se déploient en cascade le long d'une pergola où elle a placé des deniers en couronnes de fleurs fabriquées à la main. De jeunes apprentis travaillent à ses côtés. Une fée regarde par-dessus son épaule, une autre contemple les couronnes suspendues et une troisième fée s'assied avec satisfaction auprès de la jeune fille. Le temps s'arrête car tous sont en train de vivre le moment dans un état de parfaite circulation d'énergie.

Le huit de Deniers vous représente en train d'effectuer un travail que vous aimez. C'est la carte du savoir-faire et de l'expertise. Elle renvoie à la fierté avec laquelle vous exposez votre travail aux yeux de tous. Il est également question de partage de vos talents tout en encadrant d'autres personnes. C'est la transmission de formes d'art d'une génération à l'autre. Les fées représentent les forces de la nature qui œuvrent à vos côtés.

Vous êtes dans l'harmonie et travaillez dur pour ce que vous aimez. Le secret de cette carte est le plaisir que l'on ressent à travers la valeur du travail.

À L'ENDROIT : Un espace pour travailler au calme. Le plaisir de la préparation. L'artisanat, les commissions et le travail d'expert. Prendre plaisir dans ce que l'on fait. Partager ses compétences et ses techniques avec les autres tout en montrant fièrement son travail.

À L'ENVERS : Faire une pause loin du travail. Se sentir étouffer dans son travail. Accepter trop de responsabilités. Partagez votre charge de travail avec d'autres et déléguez des responsabilités. Vous n'êtes pas seule.

• • • • • •

Pour rectifier l'inversion, posez la question :
De quels outils ai-je besoin ?

Neuf de Deniers

Plaisir

Vénus en Vierge

De la vigne s'écoulent les gouttes du plaisir,
D'abord le raisin et ensuite le vin.
Jouissez du luxe offert par ces soins
La vie douce comme une poire que le soleil fait mûrir.

Une mystérieuse femme de pouvoir se tient entourée de raisin violacé, de feuillage vert et de deniers dorés. Elle est animée par l'émotion, le plaisir et le pouvoir. La viticulture nous relie au patrimoine et aux ancêtres. Nous sommes comme tissés dans la tapisserie de notre arbre généalogique. Les anciens vignerons ont transmis leurs secrets et leurs domaines de génération en génération. Les deniers sont le reflet de notre ADN familial et de ce qui nous a été transmis par ceux qui nous ont précédés. La triade de deniers sur le tonneau de vin symbolise la créativité ininterrompue.

Le verre de vin montre qu'il faut apprécier le travail que l'on effectue. Un hérisson savoure sa friandise. La sorcière utilise un gant de fauconnier en cuir pour tenir son familier à plumes. La créature n'a pas les yeux bandés et est donc dotée de seconde vue. Le faucon symbolise la capacité incarnée de la femme à avoir une vision d'ensemble, à construire des relations basées sur la loyauté et la confiance. C'est prendre plaisir à être soi. Le secret du neuf de Deniers est de savoir qui l'on est.

À L'ENDROIT : Apprécier sa propre compagnie. Loyauté. Prendre le temps de savourer les bonnes choses. Qualité. Relation symbiotique avec le monde animal. Manifestation de ce qui a toujours été vôtre.

À L'ENVERS : Passer à côté des plaisirs terrestres. Poursuivre des rêves imaginaires qui n'ont rien à voir avec la réalité.

• • • • • •

Pour rectifier l'inversion, posez la question :
Sur quoi puis-je compter ?

Dix de Deniers

Point culminant

Mercure en Vierge

Rassemblez-vous, la magie a opéré

Tous ont gagné, l'amour s'est déployé.

Avec amour, lumière, sans blesser autrui

Notre sort a porté ses fruits !

Ce qui a commencé comme une graine est à présent en fleurs. Le dix de Deniers reflète la concrétisation de toutes les choses dans le monde matériel. Tout ce qui est nécessaire est à portée de main. Il n'y a plus rien à faire. Aucun effort supplémentaire n'est nécessaire. Il est temps de se reposer, de se détendre et de profiter de la magie des deniers. Le dix de Deniers symbolise la richesse dans toute sa splendeur.

Cette carte signifie l'abondance concernant la santé, la famille et la satisfaction. Une mère est assise sur le mur de pierre qui marque la frontière entre le monde manifesté et le monde non manifesté. De somptueuses roses rouges symbolisent la passion en plein épanouissement. Elle pose une main sur son partenaire et l'autre sur un enfant. Son énergie circule entre les deux personnages tandis que le garçon porte son attention sur son compagnon à fourrure. Un deuxième chien rêve à ce qui est encore à venir. Un panier de délices gourmands laisse entrevoir quelques doux fruits du plaisir.

La famille dispose de plus que ce dont elle pourrait jamais avoir besoin, mais il y a autre chose encore. Le secret de cette carte est incarné par la vieille femme qui détient un savoir basé sur son expérience et la capacité de scruter le monde matériel et de pénétrer au cœur de la magie et de la concrétisation sacrée. Elle porte une cape violette décorée de symboles du zodiaque et elle s'approche, un panier à la main. La vieille femme détient la clé de tous les mystères qui se cachent derrière le monde des deniers. Maintenant que la famille a plus que ce dont elle a besoin, il est temps de dévoiler les secrets de la manifestation qui se trouvent dans ce monde-là. C'est la carte de la manifestation suprême et de l'abondance.

À L'ENDROIT : Tout se déroule dans l'abondance. Disposer de toutes les ressources et de tout le soutien dont on a besoin. Une vie de famille dans la générosité et un lien avec ceux qui vous ont précédée et ceux qui vous suivront.

À L'ENVERS : Perturbation au sein du foyer. Semer le chaos et le mécontentement chez vos proches. L'harmonie est possible mais demande du travail.

• • • • • •

Pour rectifier l'inversion, posez la question :
Quels sont les liens qui m'enchaînent ?

Les cartes royales

Les Bâtons

La famille des Bâtons est composée de créatures de feu en fusion. Suivez les flammes dansantes, les bougies vacillantes et les éclairs afin d'accéder à leurs présents. Elles apportent l'inspiration, la passion et l'enthousiasme. Elles brillent de l'énergie solaire et régissent l'élément du feu de la kundalini qui réside à la base de la colonne vertébrale. Les Bâtons symbolisent les réserves énergétiques personnelles, notre pouvoir individuel et notre détermination. Ils nous aident à orienter nos choix de carrière et nos désirs érotiques et peuvent être sollicités afin de modifier le cours du destin.

Les Bâtons attirent l'attention comme la lumière attire les papillons de nuit. Ils sont chauds au toucher. Leur tendre lueur peut illuminer une pièce et créer de douces ombres ou consumer une étendue de forêt d'un feu dévastateur. Leur magie incite les humains à se remettre en question et à se transformer.

Servante de Bâtons

Lanceuse de sorts

Saison d'été

Enfant de lumière créature de flammes

Visions éclatantes, magie dans l'âme.

Sur la bonne voie, tout est à portée

Animaux totems, guides viennent vous veiller.

La servante de Bâtons reflète la passion primordiale qui habite une âme aventureuse. Elle jaillit du feu provoqué par la foudre tombée au pied d'un arbre déraciné. Elle est la tisseuse de sorts, celle qui allume le feu, une étincelle d'excitation. Elle se nourrit du désir de son imagination et accorde toute son attention à ce qui l'interpelle. Quand la servante de Bâtons apparaît dans un tirage, elle annonce un état d'excitation et d'émerveillement.

Lorsque celle-ci s'assied sur votre épaule, la route grande ouverte de l'aventure vous appelle aussi fort qu'un chant de sirène. Son rire vous guide vers la grande aventure. Son animal totem est un renard blanc, qui symbolise l'espièglerie et la chance. Elle tire ses enseignements de sa curiosité. Son regard passionné est illuminé par l'intelligence.

À L'ENDROIT : Laissez la passion être votre guide. Faites confiance à votre instinct. Amusez-vous avec ce qui vous intrigue. La chance est au rendez-vous. Vous êtes entourée de liberté. Donnez libre cours à votre enthousiasme. Énergie juvénile.

À L'ENVERS : Jalousie et accès de colère. Énergie précieuse gaspillée. Brisez l'ennui. Explorez de nouveaux horizons. Est-il possible d'oublier tout ce que vous croyez savoir ?

• • • • • •

Pour rectifier l'inversion, posez la question :
Comment puis-je rajeunir ?

Cavalière de Bâtons

Protectrice

Sagittaire (signe mutable de feu)

Flammes rapides qui se sont envolées

Comètes qui s'élancent dans le ciel velouté.

Hâtez-vous… le moment venu, choisissez

Car ici, vous avez tout à gagner.

La cavalière de Bâtons procure une poussée d'endorphine. Sa personnalité explosive utilise le feu de la passion afin d'éclairer son chemin. Des ondes de désir déferlent dans ses veines. L'énergie de la cavalière est égale à celle de son destrier, dont les yeux de braise brillent comme des charbons ardents. Si la servante de Bâtons représente l'étincelle, la cavalière représente la combustion du feu.

La cavalière de Bâtons nous parle de l'irrésistible fascination exercée par le sentiment amoureux. Celui-ci ne recule devant rien afin de conquérir ce que désire le cœur. Les émotions peuvent s'avérer épuisantes, mais si vous réussissez, cela en vaudra la peine. Quelle est la quête dans laquelle vous vous êtes engagée ? Quelle récompense cherchez-vous à obtenir ? La cavalière vous pose la question : par qui ou par quoi votre Âme affamée sera-t-elle satisfaite ?

À L'ENDROIT : Mobilisez énergie et charisme afin d'accomplir vos désirs. Surprenez-vous. Lâchez prise. Allez de l'avant rapidement. Attention à ne pas s'essouffler. Messages amoureux et sentiments passionnés.

À L'ENVERS : Levez-vous et bougez. Faire de l'exercice pour le corps et l'esprit. Il faut expulser l'agressivité refoulée. Tentez votre chance. Sortez de votre zone de confort et lancez-vous des défis.

• • • • • •

Pour rectifier l'inversion, posez la question :
Jusqu'où suis-je prête à aller ?

Reine de Bâtons

Charismatique

Bélier (signe cardinal de feu)

Les éruptions solaires créent un pouvoir énigmatique

La magie capturée, les cœurs sont en fleur.

La passion éclate de manière épidermique

Connais-toi toi-même de l'extérieur à l'intérieur.

La reine de Bâtons est la force créatrice du feu. Elle rayonne d'énergie solaire, peut faire pousser des semis d'un seul regard et chacun de ses gestes contient l'essence du feu. La reine de Bâtons maîtrise sa nature passionnée mais elle ne laisse pas la passion prendre le dessus sur ses sens. Le plaisir est le principe autour duquel sa vie est organisée. Elle a de nombreux amants, une curiosité insatiable et réchauffe le cœur de tous ceux qui l'approchent.

Les tournesols sont le symbole des divinités solaires, de leur assurance naturelle et de leur force. Ne sous-estimez jamais l'inspiration que vous apportez aux autres. Sa main tient une flamme pérenne. Elle est chaude au toucher mais ne brûle jamais car son feu crée et entretient la vie. Le félin qui est son animal totem évoque l'intuition, la maîtrise de soi et une concentration pénétrante.

À L'ENDROIT : Charisme et charme. Facteur X. Dévouement et passion. Renouveau. Chaleur qui inspire les autres à briller. Revendiquez ce qui vous revient de droit.

À L'ENVERS : Hors limites. Reprenez le contrôle de la situation. Portez votre attention sur quelque chose d'utile. L'inconfort provient du fait de ne pas être fidèle à soi-même. Suivez votre lumière intérieure.

• • • • • •

Pour rectifier l'inversion, posez la question :
Comment puis-je alimenter ma flamme intérieure ?

Roi de Bâtons

Meneur

Lion (signe fixe de feu)

La Lune du cerf de juillet et la flamme rayonnent.

Envoyez à l'autre l'énergie du scorpion.

L'inspiration caresse la crinière du lion

Vous siégerez à nouveau sur un trône.

Le roi de Bâtons représente le principe organisateur du feu. Le roi de Bâtons vous guide quand le désir menace de vous engloutir. Il est le système régulateur de la chimie et de l'étincelle. Le roi de Bâtons veille à ce que les feux du foyer brûlent tout en collaborant avec les autres éléments afin de surveiller tout le monde.

Son trône renvoie au signe astrologique du Lion. Un scorpion joue sur son poignet et des lucioles ponctuent la douce nuit de ce roi de Beltane. Des papillons de nuit au corps duveteux sont attirés par la lumière de sa torche. Le feu jaillit de son chakra coronal, au-dessus de la couronne que forment ses bois. Son action inspire de grands mouvements sociaux.

À l'endroit : La spiritualité est un facteur clé dans votre situation. Adoptez l'attitude du lion. Faites preuve d'équité et d'honnêteté dans vos affaires. Faites confiance à votre vision originale et menez-la jusqu'au bout. Un grand pouvoir réside en vous.

À l'envers : Inerte. Il est temps de recommencer. L'étincelle s'est éteinte.

• • • • • •

Pour rectifier l'inversion, posez la question :
Est-il acceptable d'arrêter de se comporter ainsi ?

Les cartes royales

Les Coupes

La famille des Coupes est composée de créatures aquatiques. On les trouve près de l'eau, des lacs et des océans. Elles peuvent transmettre l'imagination et les rêves ou créer des orages et des inondations. Les Coupes collaborent avec les poissons et la flore, et règnent sur le royaume des émotions. Elles représentent les hauts et les bas, nous aidant à évoluer dans l'empathie et l'amour. Elles nous aident à traverser l'obscurité afin de cultiver la lumière. Les Coupes sont des métamorphes. Elles sont le liquide transparent qui se transforme en glace glissante, en un bassin profond ou en brume vaporeuse. Vous les reconnaîtrez à leurs couleurs d'aquarelle vert bleuté et jade ; leurs traits sont doux et généreux. Leur magie évoque les sentiments, les rires et les larmes. Ils sont les plus insaisissables de tous les éléments et existent dans un état constant de transmutation.

Servante de Coupes

Tisseuse de rêves

Saison de l'automne

Visions, prophéties et envies

Nos émotions nous donnent vie.

Levez votre coupe, faites votre annonce,

Voyez comme tout va mieux en réponse !

La servante de Coupes apparaît d'une flaque d'eau lors des pluies printanières. La servante imagine-t-elle le poisson qui saute ou s'agit-il d'une heureuse surprise ? De joyeux soucis d'eau jaunes, des nénuphars verts et un vieux crapaud léthargique se rassemblent autour de cette servante rêveuse.

La servante de Coupes représente la qualité enfantine du pouvoir d'émerveillement. C'est le plaisir que l'on ressent à travers notre propre imagination et nos remarquables capacités intuitives. L'énergie de la servante est l'expression de l'essence enfantine et du rêve. Cette attitude est mise en évidence lors d'activités artistiques, dans l'amitié et à travers la fascination que provoque la curiosité.

À L'ENDROIT : Tout est possible. Les pouvoirs psychiques et intuitifs sont à un niveau optimal. Faites confiance à ce que vous ressentez. Suivez vos vibrations les plus élevées. Vous pouvez explorer l'immensité de votre imagination en toute sécurité. Savourez les plaisirs simples. Jouez avec le monde qui vous entoure.

À L'ENVERS : Cessez de réprimer vos émotions. Accordez-vous une pause. Ne prenez pas le monde trop au sérieux. Respirez, jouez de la musique, et amusez-vous pour cultiver l'équilibre.

• • • • • •

Pour rectifier l'inversion, posez la question :
Comment puis-je m'ouvrir davantage ?

Cavalière de Coupes

Poétesse

Poissons (signe mutable d'eau)

Tendres poètes, idylles, rimes qui flattent
Les cœurs s'emballent, la chamade ils battent.
Les eaux rendent hommage aux tendres cœurs
Tandis que sont jetés les sorts des profondeurs.

La cavalière de Coupes se tient éloignée sous un saule, dans une luxuriante forêt lacustre. Elle a le regard fixé sur une coupe, tandis que, de sa main palmée, elle caresse son fidèle compagnon, un cheval d'eau. Le plastron de l'armure de la cavalière porte le symbole alchimique de l'eau et est orné de coquillages. Elle a déposé son armure de protection sur la rive.

La cavalière de Coupes est l'archétype de la séductrice romantique. C'est la charmeuse du tarot. L'un des éléments clés de son pouvoir de séduction est sa capacité à se montrer vulnérable et à dévoiler la douceur qui l'habite. L'art et la poésie sont sources d'inspiration pour l'imagination de la cavalière de Coupes. Elle prend le temps de s'émerveiller en présence de la beauté, elle prête attention au langage des émotions et exprime ce dont les autres ne peuvent que rêver.

Des pinceaux d'aquarelle, des couleurs douces sur un coquillage qui lui sert de palette et un carnet de croquis symbolisent les qualités artistiques de cette âme authentique. Des jonquilles enjouées annoncent la puissance régénératrice du printemps et les présents offerts par un nouveau cycle de vie et de régénération.

À L'ENDROIT : Histoire d'amour et séduction à travers flatterie et mots doux. Muse de l'art et de la poésie. Refus de s'adapter aux attentes des autres. Se concentrer sur ce qui touche l'âme. Prendre le temps de savourer. Réfléchissez à la manière de dévoiler vos intentions.

À L'ENVERS : Ignorer les côtés les plus doux de la vie. Se précipiter sans savourer le plaisir. Manque de plaisir dû au détachement émotionnel.

• • • • • •

Pour rectifier l'inversion, posez la question :
Quels cadeaux émotionnels ai-je à offrir ?

Reine de Coupes

Empathe

Cancer (signe cardinal d'eau)

La force réside dans la vulnérabilité

Un flux constant de possibilités.

Consoler autrui est une charmante qualité

Remplissez votre coupe, buvez à satiété.

La carte de la reine de Coupes apparaît comme un mirage au pied d'une cascade forestière au sein d'une clairière secrète. Elle est l'essence créatrice de l'eau. Vous la trouverez dans les pluies du printemps et dans les rivières d'été. Elle se prélasse en bordure des océans, sur les plages. La reine de Coupes rend la vie possible grâce à ses eaux frémissantes au pouvoir de guérison.

Elle plonge la pointe du pied dans un bassin calme d'eau aussi verte qu'un crocodile. Les poissons, les grenouilles et toute la nature se rassemblent autour d'elle lorsqu'elle les honore de sa présence envoûtante. C'est la plus bienveillante de toutes les reines.

Elle est dotée du pouvoir de compréhension et d'une profonde empathie. Elle s'adonne au partage des émotions sans jugement. En tant que guérisseuse de la nature, il n'y a pas un seul animal, un seul végétal ou un seul minéral envers lequel elle ne puisse faire preuve d'empathie et de compassion. Elle respecte l'intégrité de tous en permettant à chacun d'être lui-même.

La reine de Coupes représente un espace à la limite du perceptible d'où jaillissent les potentiels. Ses cheveux se transforment en eau alors qu'elle contemple un calice somptueusement décoré. Elle écoute et éprouve ce que la coupe contient. Elle comprend toutes les créatures et est leur témoin. Elle ressent ce qu'elles ressentent et voit ce qu'elles voient sans les juger.

À L'ENDROIT : Une attitude de compassion, de compréhension et d'empathie est nécessaire pour aller au cœur de la situation. Devenir un réceptacle émotionnel pour les autres tout en établissant des limites de protection autour de soi. Maîtrisez votre propre état émotionnel. Atteignez les sommets.

À L'ENVERS : Émotions désordonnées. Accès de colère, errances émotionnelles. Manquer d'établir des limites par rapport aux autres. Crises immatures de colère et tendances à la codépendance. Afin d'être une reine, vous devez reprendre le contrôle.

• • • • • •

Pour rectifier l'inversion, posez la question :
Comment puis-je mieux écouter ?

Roi de Coupes

Artiste

Scorpion (signe fixe d'eau)

Pour siéger sur un trône corallien

Il faut adopter le ton qui convient.

Les sages qui suivent les lois de la fortune

Accèdent aux outils secrets de Neptune.

Le roi de Coupes représente le portail de l'élément eau. Son trône nacré de corail indique le siège de la stabilité au milieu des eaux tumultueuses de l'océan. Le roi de Coupes a la capacité de résister à toutes les tempêtes. Il ne contrôle pas l'océan, mais lui laisse exprimer sa véritable nature. Il détient le pouvoir mais n'est pas despote. De fait, il est capable de traverser tous les hauts et les bas émotionnels.

Le roi de Coupes permet aux qualités émotionnelles de prendre forme. Il est la coupe, le récipient et l'artiste qui peut aller jusqu'au bout de ses visions. Il canalise ses émotions plutôt que d'être contrôlé par elles. Cela le rend efficace dans tous les domaines de la vie car il appréhende le monde à partir d'une profondeur émotionnelle aussi vaste que l'océan.

À L'ENDROIT : Génie artistique. Fiable et attentionné. Portez votre attention sur des projets créatifs que vous pouvez maîtriser. Réjouissez-vous de tous les aspects du spectre émotionnel. Des eaux profondes et sombres font place à l'incandescence de la lumière du soleil et du plaisir.

À L'ENVERS : S'apitoyer sur son sort. Immaturité émotionnelle. Tricher pour obtenir ce que l'on veut. Blesser les autres par méchanceté. Il est temps de grandir et d'assumer ses responsabilités.

• • • • • •

Pour rectifier l'inversion, posez la question :
Que puis-je faire remonter à la surface ?

Les cartes royales

Les Épées

La famille des Épées est composée de créatures des airs. On les trouve dans la haute atmosphère, elles se manifestent à travers les brises et l'oxygène de la terre. Elles transmettent la pensée et la clarté, les récits et les histoires. Elles sont à l'origine des tornades et des tempêtes de vent et collaborent avec les oiseaux, les papillons et les insectes volants.

La suite des Épées présente de fins traits elfiques qui correspondent à leurs étonnantes capacités intellectuelles. Leur magie consiste à évoquer des idées. Les Épées inspirent les meilleures et les pires décisions que vous ayez jamais prises.

Elles influencent la pensée et complotent afin de créer des mystères que vous devrez élucider. Vous occupant l'esprit, les Épées sont la suite la plus agitée et elles se déplacent rapidement à travers le tarot.

Servante d'Épées

Détective

Saison du printemps

Astucieuse créature aérienne

Alerte, vive et toujours présente.

Des elfes de cour volontiers viennent

Vous aider d'une épée intelligente.

La servante d'Épées émerge d'une bourrasque de neige, aussi immaculée que l'essence d'une pensée née à l'instant. C'est la carte la plus intelligente du tarot, avec une intelligence aussi aiguisée que son épée d'argent. Ses ailes de soie la portent jusqu'aux confins de la terre. Elle parvient à résoudre tous les mystères et s'attaque aux plans les plus solidement établis.

La servante d'Épées lit entre les lignes et ne se contente jamais d'une réponse facile. Sa curiosité insatiable l'entraîne dans de grandes aventures qu'elle mène avec la plus grande douceur. Elle plante des pensées et des idées originales dans votre tête.

Un faucon symbolisant le pouvoir visionnaire vole loin au-dessus de la servante. Ce messager de l'air vous rappelle la nature cyclique des pensées et de la conscience supérieure. N'oubliez pas de garder une vue d'ensemble lorsque vous examinez vos cartes.

La servante a un plan caché dans sa ceinture. Faites confiance à la voie qui s'ouvre devant vous. Vous disposez en vous de tous les outils nécessaires afin de résoudre vos problèmes.

Faites confiance à vos instincts. Faites confiance à votre intelligence pour vous conduire exactement là où vous devez être.

À l'endroit : Innovation et intelligence. Détermination qui découle d'une réflexion aiguë. Se concentrer avec la précision d'un laser et repousser toutes les distractions. Astuce et audace.

À l'envers : Il n'est pas nécessaire d'approfondir la situation. Prenez ce qui se passe pour argent comptant. Ne réfléchissez pas trop. Soyez souple. Faites preuve de légèreté.

• • • • • •

Pour rectifier l'inversion, posez la question :
Que faut-il révéler ?

Cavalière d'Épées

Guerrière

Gémeaux (signe mutable d'air)

La force de l'air, la vitesse de la pensée
Chevauche une jument blanche et ailée.
Aide-moi à lancer mon sort avec rapidité
Entends mon appel ; il nous faut mener.

La cavalière d'Épées s'élance depuis un nuage exprimant, de manière pure, la force, le mouvement et l'affirmation. Son épée pointe vers la vérité et ses yeux regardent fixement l'endroit exact où elle a l'intention de se rendre. Son armure porte le symbole alchimique de l'air, et les rênes de son cheval sont faites d'une chaîne légère d'étoiles brillantes. Un croissant de lune indique qu'une situation évolue. On peut distinguer le jardin de la sorcière en contrebas.

La cavalière d'Épées détient l'énergie la plus rapide du tarot. Cette carte apparaît dans un tirage pour représenter une résolution rapide. La cavalière d'Épées passe rapidement à l'action et elle manque rarement sa cible. C'est la carte associée à la défense de soi-même ou des autres. Il faut user de ruse et de clarté. La cavalière d'Épées apparaît souvent dans un tirage d'amour pour suggérer une idylle fugace ou qui avance trop vite.

À L'ENDROIT : La capacité à se défendre clairement et intelligemment. Aller plus vite que les autres. Résolution rapide d'un problème. Agissez maintenant. Allez-y ! Quel est votre idéal suprême ? Approchez-vous-en.

À L'ENVERS : Ne pas avoir les idées claires. Aller de l'avant sans avoir de plan n'est pas conseillé. Prenez le temps d'évaluer les possibilités avant de faire des projets ou de communiquer avec les autres.

• • • • • •

Pour rectifier l'inversion, posez la question :
Quelle est l'action requise ?

Reine d'Épées

Auteure

Balance (signe cardinal d'air)

Un message envoyé bien reçu

L'appel est entendu, il fut bien conçu.

Sur un paysage gothique dépouillé

La puissante reine de l'air vient régner.

La reine d'Épées est l'expression de la clarté de l'esprit et de la pensée. Elle est le vent qui souffle sur le pollen pour qu'il aille germer, elle invoque les tempêtes pour qu'elles apportent la pluie, elle fait circuler la brume et extrait l'humidité des fleurs de lune qui scintillent sous le ciel nocturne.

La robe aérienne bleue de la reine symbolise l'air qui circule et les idées en mouvement. L'épée de la reine pointe vers le sol, ce qui indique des pensées solidement ancrées. Elle a la main tendue vers un corbeau, l'oiseau messager du royaume des esprits. Les idées de la reine d'Épées s'étendent de ce monde à l'autre et invoquent tous les recoins de l'univers.

Sa couronne est faite d'ailes de papillon. Un saphir en forme de larme repose entre son chakra de la gorge et son chakra du cœur, renvoyant aux mots qui expriment la nature du cœur. Des gants protègent ses mains délicates, symboles des pensées qu'elle garde pour elle.

L'intelligence brillante représente sa plus grande qualité. Elle s'exprime clairement ; elle ne parle jamais pour ne rien dire et va toujours droit au but. Bien que ses mots puissent blesser et anéantir une personne, elle utilise son pouvoir avec sagesse. Elle est éminemment douée pour lire le cœur des autres et n'a que très rarement besoin de douter d'elle-même. Elle est l'énergie qui se cache derrière chaque tempête de sable et chaque tornade qui frappe le sol. Si vous y prêtez attention, vous pouvez la sentir s'appuyer contre votre peau ainsi que la chaleur et le poids de l'air qui vous effleurent. La reine d'Épées est l'expression d'une intelligence émotionnelle mûre. Elle est l'esprit qui se déploie, les mots sur votre langue, les pensées que vous articulez.

À L'ENDROIT : Faites confiance à votre façon de communiquer avec les autres. Exprimez le fond de votre pensée avec clarté et maîtrise. Si vous avez besoin de quelque chose, demandez-le et vous le recevrez.

À L'ENVERS : Le temps des exigences est révolu. Cessez de parler et commencez à observer. Parler sans réfléchir ne fera qu'aggraver les choses. La situation a besoin de temps pour être résolue.

• • • • • •

Pour rectifier l'inversion, posez la question :
Comment puis-je invoquer la beauté
à travers les mots ?

Roi d'Épées

Intellectuel

Verseau (signe fixe d'air)

Avec la chouette, le livre, la couronne et l'épée
Le voile se lève, une fois le soleil couché.
Pour ainsi dire, vous pouvez tout soumettre
Au bon roi de l'air qui règne en maître.

Le roi d'Épées est l'énergie qui forme les mots et crée la structure de l'esprit. Il est le principe organisateur de l'air. C'est donc lui qui décide de la manière dont les vents soufflent et où.

Le roi d'Épées est un maître de l'organisation qui voit les choses dans leur ensemble et qui comprend ce dont on a besoin. Il organise l'esprit comme un logiciel. Si la reine est le vent qui souffle, le roi est le moulin à vent qui capte sa puissance et la transforme en énergie.

Le roi d'Épées est assis sur le trône de l'air et porte une couronne de papillons assortie à celle de sa reine. Il est le maître du discernement. Son épée pointe droit vers le ciel comme un faisceau de clarté. Il tient le livre de la Connaissance au-dessus de ses genoux.

Une chouette des neiges est perchée sur le trône du roi. Le trône porte des inscriptions arcaniques. Ces mystérieuses gravures révèlent la magie qu'opère le mécanisme interne de l'esprit. La chouette représente la clairvoyance et la capacité à voir à travers l'obscurité.

Le roi d'Épées représente les idées qui forment l'intellect ainsi que les réalisations scientifiques et mathématiques. Ses pensées se forment à travers les règles de la logique. Le monde matériel s'aligne sur ses connaissances. Le monde naît de son imagination. Laissez le roi vous rappeler que toute pensée a le potentiel de devenir réalité.

À L'ENDROIT : Les délais sont respectés. Appréhendez votre situation de manière audacieuse. Les règles et les règlements joueront en votre faveur. Envisagez des directions nouvelles et franchissez de nouvelles frontières. Restez en position de force. Exprimez votre opinion.

À L'ENVERS : Croyez au pouvoir de l'esprit. Faites confiance à vos pensées et ayez confiance en ce que vous savez. Écoutez ce que les autres vous disent. Observez attentivement.

• • • • • •

Pour rectifier l'inversion, posez la question :
Que sais-je ?

Les cartes royales

Les Deniers

La famille des Deniers est composée de créatures terrestres. Les Deniers accordent l'abondance et la matière. Découvrez-les dans les champs d'argile et les grottes secrètes. Ils occupent les montagnes et les vallées, hantent les canyons et les cavernes. Ils offrent une dimension tangible et un ancrage à tous ceux qui s'en approchent. Ils provoquent glissements de terrain et tremblements de terre, et collaborent avec les gnomes et les créatures souterraines. Les figures de la suite des Deniers sont des créatures terrestres qui font apparaître lianes et vrilles dans la matière. Ces créatures terrestres fournissent sécurité et abri, nourriture et une forme physique à nos corps. Leur magie opère lentement et sûrement. Elles sont résistantes, fiables et accessibles. Les Deniers sont synonymes d'argent, de ressources et de valeur humaine.

Servante de Deniers

Élève

Saison d'hiver

Son rythme est régulier et sage

Le plaisir se répand sur son visage.

La magie des livres : voyez leurs pages briller

La connaissance vous aide à évoluer.

Du sol apparaît la servante de Deniers, une fleur de citrouille recouvre son corps de liane enracinée. La servante de Deniers, créature terrestre, aime passionnément apprendre et savoir. Elle tient un denier près de son chakra du cœur pour exprimer une connexion pure et son amour pour la connaissance. Cet apprentissage se développe puis s'épanouit jusqu'à atteindre la maturité de la reine des Deniers.

La servante des Deniers est l'élève du tarot et nous parle d'apprentissage pour le plaisir d'apprendre. C'est la fascination pour toutes les choses qui stimulent l'imagination et le développement de pensées et d'idées. L'énergie est lente et constante, réfléchie et prise en compte.

À l'endroit : Observez attentivement ce qui vous fascine. Retournez à l'école ou étudiez. Les réponses sont en vous. Chérissez les choses que vous aimez en leur accordant toute votre attention. Tout est possible.

À l'envers : Chercher quelque chose qui n'existe pas. Lâchez prise sur votre attachement vis-à-vis de ce qui ne vous a jamais appartenu. La saison est terminée. Lâchez prise. Si une chose vous était destinée, elle reviendra.

• • • • • •

Pour rectifier l'inversion, posez la question :
Quels trésors invisibles magiques me soutiennent et m'aident à me concentrer ?

Cavalière de Deniers

Intendante

Vierge (signe mutable de terre)

Sensuelle, douce, elle prend le temps

Cette rime est enchantée.

Regardez au-delà, savourez l'instant

Prenez le temps de vous sentir rassasiée.

La cavalière de Deniers porte et protège son denier d'une main et caresse son bison de l'autre.

Elle veille sur la terre et les animaux, se déplaçant en pleine conscience et seulement lorsque cela est nécessaire. On peut voir le symbole alchimique de la terre sur sa robe, tandis que ses pieds nus la relient à la terre bien-aimée. Le châle jeté sur son épaule est un symbole de protection et de réflexion.

La cavalière de Deniers incarne l'énergie la plus lente de tout le tarot. Lorsque cette carte apparaît dans un tirage, c'est un message qui invite à faire une pause, à prendre son temps et à examiner attentivement les options qui s'offrent à vous. Inutile de se précipiter. Réfléchissez à ce qui se présente à vous et à la façon dont vous pouvez tirer au mieux parti de la situation actuelle. Vous faites partie de la nature, vous n'en êtes pas séparée.

À l'endroit : Se déplacer en pleine conscience et avec aisance. Une disposition douce. Les difficultés que vous rencontrez sont peut-être de votre fait ; par conséquent, c'est en vous-même que vous trouverez la réponse dont vous avez besoin. Connectez-vous aux éléments de la terre et aux animaux afin de mieux vous ancrer en vous-même.

À l'envers : Aller de l'avant sans tenir compte des conséquences. Se soucier peu des autres. Prendre ce dont on a besoin sans donner en retour.

• • • • • •

Pour rectifier l'inversion, posez la question :
Comment le silence me protège-t-il ?

Reine de Deniers

Cultivatrice

Capricorne (signe fixe de terre)

La déesse du pouvoir terrestre veille

Elle règne sur les trésors naturels.

Le lièvre incarne la fertilité

Attendez-vous à une nouveauté.

La reine de Deniers représente l'expression physique dans tous les sens du terme. Sa nudité exprime une vulnérabilité totale équilibrée par la force. La reine de Deniers prend les éléments constitutifs de l'univers et leur donne de nouvelles formes. Dans son aspect le plus intense, la reine de Deniers utilise toutes les ressources pour agrémenter, protéger et faire jaillir la magie du bout de ses doigts.

C'est la jardinière experte qui peut sentir comment une vigne veut pousser. Elle est le treillis qui la soutient afin qu'elle puisse atteindre sa hauteur maximale. Elle aménage le paysage de sa vie et plonge dans les profondeurs. Elle prépare des soupes qui guérissent et des sorts qui concrétisent les vœux. Elle a le pouvoir de tout faire pousser. Les animaux sont attirés par elle, les enfants jouent à ses pieds et toute la nature la vénère. Elle est douce et sensuelle, lente et confiante. C'est la reine de la terre.

À L'ENDROIT : User de tous ses talents afin de créer un style de vie épanoui. Faire la cuisine, jardiner et décorer la maison créent un foyer luxueux et agréable. La sorcellerie de la cuisine et la magie du jardin vous sont bénéfiques. Utilisez les énergies de la nature et travaillez en accord avec la terre.

À L'ENVERS : Obsession pour la maison et le foyer. Créer des problèmes là où il n'y en a pas. Tenter de contrôler l'ordre et le cours naturel des choses.

• • • • • •

Pour rectifier l'inversion, posez la question :
Comment puis-je invoquer la beauté ?

Roi de Deniers

P.-D.G.

Taureau (signe fixe de terre)

Roi de la terre, joyau de la prospérité

Assis gaiement dans la vallée boisée.

Les plaisirs sensuels fleurissent et abondent

Attirez-vous ses faveurs pour une vie féconde.

Le roi de Deniers est le maître fortuné du monde matériel. Être propriétaire et autonome physiquement procure une magie profonde. Ses muscles fermes lui servent à construire de solides fondations. Ses talents sont utilisés pour son propre plaisir et celui des autres.

Le roi de Deniers réarrange les molécules de l'univers pour favoriser la croissance et la manifestation. Il est la stabilité du monde physique qui se reflète dans la générosité de la terre à travers les vignes, les fruits et les champignons.

Réfléchissez à votre être physique et à la manière dont vous pouvez l'utiliser à votre avantage.

Souvenez-vous à quel point vous vous serviez de votre corps pendant vos jeunes années. Les enfants jouent, courent et explorent le monde. Les adolescents dansent et font du sport. L'amour s'exprime sur le plan physique. Nos corps ont un besoin essentiel d'être touchés et entretenus.

Intégrez le pouvoir du toucher, le don du plaisir sensoriel. Connectez-vous à votre corps physique.

À L'ENDROIT : Richesse et abondance. Savoir qui l'on est. Ancrage et maturité. Croissance financière et stabilité matérielle. Avoir d'excellentes aptitudes en affaires. Se protéger soi-même et des autres grâce à de judicieuses décisions.

À L'ENVERS : Laissez tomber ce dont vous pensez avoir besoin. Éloignez-vous de la nourriture et de la boisson ; elles ne contiennent pas les réponses que vous souhaitez obtenir et ne vous apportent qu'une distraction temporaire. Il est temps de reprendre des forces et de reconstruire.

• • • • • •

Pour rectifier l'inversion, posez la question :
Comment puis-je investir dans mon avenir ?

Partie 4

Récolter la magie

Êtes-vous prête à faire de la magie, ma petite sorcière ? Maintenant que vous avez les outils nécessaires pour bien tirer le tarot, il est temps de faire de la magie avec l'énergie que vous aurez recueillie dans le jardin de la sorcière et au-delà. Vous trouverez ici tous les tirages et les sorts qui vous mettront sur la voie.

La nature révèle comment tout en ce monde est conçu pour vous mener au succès. L'expansion est l'impulsion de l'univers. Avez-vous déjà remarqué comment les schémas et les cycles de la nature se répètent ? Lorsque la nature trouve un modèle qui fonctionne, elle s'y tient. Les branches des saules ressemblent exactement à des poumons humains (et ils purifient l'air), les vignes des ipomées arborent des feuilles en forme de cœur et les coquilles d'escargot présentent le motif circulaire des galaxies en forme de spirales. L'intelligence de la nature suit le sens du courant.

Chaque exemple de magie – des courants océaniques jusqu'à l'araignée domestique et sa toile de soie – continue à faire ce pour quoi il a été créé, saison après saison. Votre essence a été imprégnée d'une magie intérieure unique bien avant votre naissance. Une sorcière glane des talents qui lui sont propres, des dons et des aspirations authentiques à travers le monde, tout au long de sa vie. Tout comme un colibri pollinise les fleurs dont il se nourrit, vous êtes ici pour exprimer librement votre individualité et ainsi faire du monde un endroit plus sain et plus exaltant. Une fois que nous avons appris à ne plus entraver notre propre chemin, nous découvrons que la magie coule dans nos veines et dans le monde.

Étapes pour jeter des sorts

Rédigez votre intention magique.

Rassemblez les objets correspondants.

Réfléchissez au moment opportun.

Procédez à un nettoyage.

Visualisez.

Exprimez votre gratitude.

Libérez.

Ayez confiance.

L'enchantement d'un sortilège commence au moment où la sorcière décide de le lancer.

Si vous aviez le pouvoir de demander n'importe quoi au monde, quel vœu formuleriez-vous ?

La formulation d'un objectif magique est la première étape du sortilège. Écrivez ce que vous désirez. Donnez des détails. Vous n'êtes pas obligée d'utiliser un style poétique, artistique ou parfait grammaticalement parlant. Personne ne le verra. Décidez avec exactitude ce que vous souhaitez demander. Jeter un sortilège est comparable à faire de la pâtisserie. Si l'on souhaite un gâteau à la vanille et à la noix de coco, le pâtissier n'ira pas suivre une recette de tarte à la rhubarbe et aux cerises.

Imaginez à quoi ressembleront les choses une fois que le souhait sera exaucé. Donnez libre cours à votre imagination et savourez la contemplation de ce qui est possible. Le plaisir énergétique associé à l'intention permet d'atteindre des sommets. Imaginez le plaisir de glacer un gâteau à la crème au beurre, de le servir à des amis et d'en goûter la première bouchée.

Lorsque votre sort se réalise, que ressentez-vous ? Qu'est-ce qui a changé ? Notez-le. Une fois que vous avez visualisé le résultat, traduisez l'intention de votre sort en une seule phrase.

Il est important que la phrase inclue le souhait spécifique. L'émotion et l'imagination sont au cœur émotionnel de l'acte de jeter un sortilège. C'est une force magnétique qui mobilise les forces de l'univers afin d'en obtenir une intervention qui vous est favorable.

Sélectionnez ensuite vos accessoires magiques. Il s'agit d'objets dont les énergies vont dans le sens du souhait en question. Choisissez une carte de tarot correspondant à l'essence du sortilège. Par exemple, prenez l'Impératrice pour les sortilèges de créativité, l'Empereur pour les limites et la protection, l'Étoile pour réveiller la muse, etc. Analysez les accessoires sensuels et accordez-vous avec l'objectif du sortilège : bougies (bougies rouges pour les sorts de passion), vêtements (pantalons de soie pour les sorts de sommeil), fleurs (mufliers pour les sorts d'amitié), plantes aromatiques (hamamélis pour la protection psychique) et huiles essentielles (lavande pour l'intelligence). Un sortilège est un appel créatif à l'univers. Le sort peut être aussi détaillé ou aussi succinct que vous le souhaitez.

À moins que vous ne travailliez avec une amie ou en groupe, l'incantation est une affaire privée. Elle doit être pratiquée seule. Ne parlez pas de votre art de jeter des sortilèges à moins que vous ne cherchiez conseil auprès d'une autre sorcière. Le pouvoir d'un sort perdure lorsqu'il est gardé entre vous et l'univers. C'est un peu comme ouvrir plusieurs fois la cuisinière afin de jeter un œil et de laisser sortir la chaleur avant que le gâteau ne soit cuit ; discuter de vos sorts disperse l'énergie avant qu'elle n'ait eu le temps de se déployer.

Tenez compte du moment où vous planifiez un sort. Il est utile (mais pas nécessaire) d'aligner le moment de l'envoûtement sur des forces extérieures telles que le calendrier astrologique, la lune croissante (dont l'énergie aide à attirer), ou la lune décroissante (dont l'énergie aide à libérer). Jetez un sort à minuit, au coucher ou au lever du soleil, car c'est à ces moments qu'il est le plus facile de passer d'un monde à l'autre. Les sorcières mènent des vies bien remplies. Parfois, les sorts les plus puissants sont ceux que l'on jette lorsque l'on s'est aménagé un moment d'intimité pour soi. Travaillez avec ce dont vous disposez. La magie sait s'adapter.

Purifiez votre corps et votre aura grâce à un bain de sel, une douche ou un bain en plein air dans une piscine, un étang, une rivière ou un océan. Les eaux éliminent les énergies et les postures inutiles. Laissez l'eau drainer toute la négativité et tout blocage. Prendre un bain offre un espace de méditation en préparation à l'incantation.

Pour lancer le sortilège, ayez tous les ingrédients à portée de main. Appelez les quatre suites (les éléments) pour vous aider à lancer votre sort tout en vous déplaçant dans le sens des aiguilles d'une montre. Cela permet d'ouvrir un espace sacré de manifestation. Posez la ou les cartes de tarot choisies. Visualisez votre intention. Lisez l'objectif que vous avez écrit. Ressentez le sort qui se déploie. Effectuez d'autres activités, méditations ou invocations. Augmentez le niveau d'énergie et dirigez celle-ci vers l'objectif choisi.

Afin de conclure le sort, fermez l'espace sacré aussi soigneusement qu'il a été ouvert.

Déplacez-vous dans le sens inverse des aiguilles d'une montre et remerciez chacune des suites (les éléments). Exprimez votre gratitude et remettez des offrandes à toutes les énergies qui ont été invoquées et qui vous ont assistée.

La chose la plus importante à retenir est de lâcher prise sur toutes les attentes, une fois le sort accompli. Une marmite que l'on surveille ne bout jamais. Laissez la nature jouer son rôle. La magie se manifeste de manière inattendue. N'entravez pas le processus en l'alourdissant du poids de l'expectative. La belle pomme croquante que vous avez demandée se manifestera peut-être sous la forme d'une orange sanguine. Vous découvrirez que les oranges sanguines sont encore plus savoureuses. Ayez confiance en votre magie. Soyez patiente. Lâchez prise. Si votre sortilège ne fonctionne pas, c'est qu'il y a une bonne raison à cela. Imaginez si tout ce que vous avez toujours souhaité se réalisait ! L'univers nous fournit toujours ce dont nous avons besoin. Faites-lui confiance.

Amour et romance

Tirage des âmes sœurs

Lancez un sort pour les âmes sœurs de votre vie.

1. Notre connexion magique dans l'éternité.
2. Mon cœur.
3. Son cœur.

Tirage pour une nouvelle relation amoureuse

Examinez le plaisir d'une nouvelle relation amoureuse.

1. Notre force.
2. Notre défi.
3. Qu'est-ce qui l'attire vers moi ?
4. Qu'est-ce qui m'attire vers cette personne ?
5. Comment renforcer le lien.
6. Prévisions à long terme.

Sortilège pour une relation amoureuse

Sortilège pour provoquer ou renforcer l'amour érotique.

INGRÉDIENTS : carte des Amoureux, thé chaï, bâton de cannelle, 3 grains de poivre, crème et sucre

Mélanger le sachet de thé, le bâton de cannelle, les grains de poivre et une tasse d'eau dans une casserole à feu moyen. Laisser mijoter pendant 10 minutes. Ajouter la crème et le sucre selon le goût. Observez la carte des Amoureux d'un regard léger.

Visualisez vos idéaux et vos fantasmes romantiques. Sirotez un thé en écrivant une lettre d'amour destinée à l'objet de votre désir. Si vous envoyez la lettre, postez-la sous le couvert de la nuit, car celle-ci renferme toutes les possibilités.

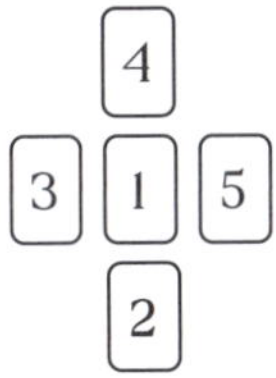

Tirage du jardin de la sorcière

Pour apporter de la clarté à votre vie.

1. Quelle intention dois-je planter ?
2. Comment puis-je cultiver la magie intérieure ?
3. Dans quelle direction soufflent les vents favorables ?
4. Quels sont les défis à déraciner ?
5. L'aide invisible qui m'assiste : ______________

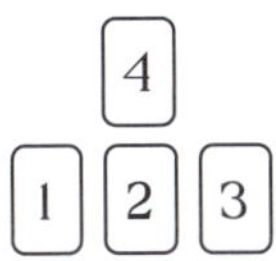

Tirage financier

Pour acquérir une meilleure compréhension des finances pour une situation stable.

1. Quelles ont été les erreurs financières du passé ?
2. Qu'est-ce qui doit changer ?
3. Comment puis-je me donner les moyens d'agir ?
4. Le nouveau plan financier devrait inclure : ______________

Sortilège pour la maison de mes rêves

Ingrédients : dix de Coupes, une rose blanche, un stylo rouge

Méditez sur le dix de Coupes et imaginez la maison de vos rêves. Effeuillez la rose, un pétale à la fois. À l'aide du stylo rouge, écrivez sur chaque pétale une caractéristique de la maison de vos rêves. Par exemple : une baignoire sur pieds, une exposition plein sud, un grenier douillet, etc. Lorsque vous avez écrit sur tous les pétales, disposez-les autour du dix de Coupes en imaginant le bonheur, la joie et le succès que vous ressentirez en trouvant la maison de vos rêves. Pour conclure le sortilège, apportez les pétales à l'extérieur et laissez-les s'envoler avec le vent.

Famille et ancêtres

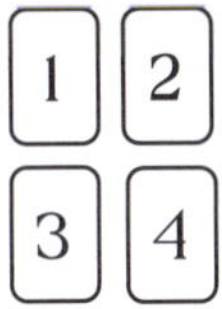

Tirage du foyer heureux

Pour cultiver la paix à la maison.

1. Quelle est l'énergie qui m'entoure ?
2. Comment puis-je l'améliorer ?
3. Sur quoi puis-je lâcher prise ?
4. Quelle est la solution cachée ?

Sagesse ancestrale

Pour communiquer avec ceux qui sont partis avant nous.

1. Qui est avec moi ?
2. Que peux-tu m'enseigner ?
3. Comment puis-je t'honorer ?
4. Quel est mon chemin de guérison ?
5. Comment puis-je terminer ce que tu as commencé ?

Sortilège de la fée marraine

Communiquez ce sort à votre fée marraine en soufflant des bulles à l'aide d'une baguette faite main.

INGRÉDIENTS : carte de l'Étoile, 60 ml de liquide vaisselle, 250 ml d'eau, 1 cuillère à café de fécule de maïs, un stylo, du papier, un fil métallique ou un cure-pipe

Si vous aviez une fée marraine qui pouvait exaucer n'importe quel vœu, quel serait-il ?

Rédigez votre souhait en une seule phrase précise. Mémorisez-la. Répétez la phrase tout en mélangeant les ingrédients liquides. Regardez la carte de l'Étoile. Invitez mentalement votre fée marraine à se joindre à vous. Faites un cercle en courbant l'extrémité du fil métallique ou du cure-pipe, formant ainsi une baguette à bulles. Sortez à l'extérieur et faites neuf bulles d'affilée, en répétant votre souhait neuf fois.

Cœur et santé

Tirage de l'amour

Pour ouvrir le cœur à la tendresse.

1. Quelle est la véritable nature de mon cœur ?
2. Comment puis-je m'ouvrir à l'amour ?
3. Comment puis-je devenir vulnérable ?
4. Comment puis-je être forte ?
5. Comment puis-je être en accord avec mon cœur ?

Tirage de la santé

Pour maintenir le bien-être physique.

1. Quel est mon état de santé ?
2. De quoi ai-je davantage besoin ?
3. De quoi ai-je moins besoin ?
4. Comment puis-je guérir ?
5. Comment puis-je m'épanouir ?

Sortilège pour une bonne nuit de sommeil

Pour un sommeil réparateur.

INGRÉDIENTS : quatre d'Épées, brin de lavande

Regardez le quatre d'Épées tout en gardant la lavande à votre nez. Posez la lavande sur votre oreiller et concentrez-vous sur son parfum jusqu'à ce que vous vous endormiez.

Moments de transition et vies antérieures

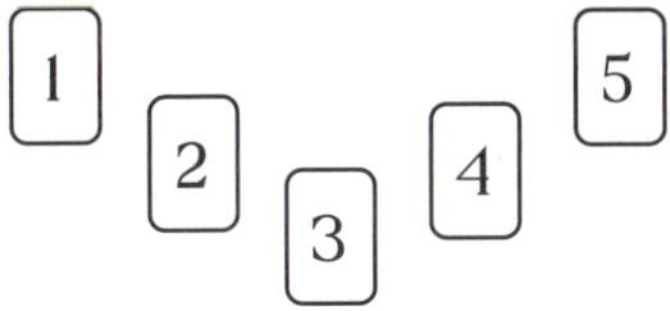

Tirage des transitions de la vie

Pour se donner les moyens d'agir dans les moments de transition de la vie.

1. De quelle transition s'agit-il ?
2. Comment puis-je rester dans le moment présent ?
3. De quelle manière est-ce que je prends soin de moi ?
4. Que faut-il accepter ?
5. Que dois-je libérer ?

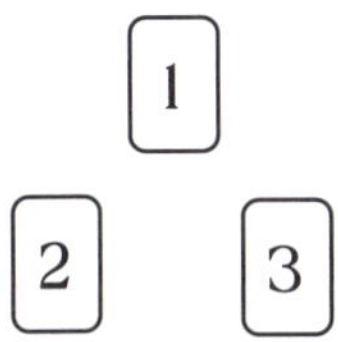

Tirage des vies antérieures

Pour examiner les vies antérieures.

1. Qui étais-je dans ma vie antérieure ?
2. Quel était mon défi ?
3. Quelle est la leçon à tirer de cette vie ?

Sortilège pour le moi futur

Vous pouvez avoir recours à ce sort lorsque vous ne vous sentez plus en phase avec vous-même et que vous vous sentez perdue.
Ce sort demande à votre moi du futur de vous procurer intuition et guidance.

INGRÉDIENTS : carte de la Grande Prêtresse, stylo, papier, ruban

Réfléchissez à votre situation actuelle et aux défis auxquels vous êtes confrontée. Peut-être avez-vous une question précise. Réglez un minuteur et observez d'un regard léger la carte de la Grande Prêtresse pendant cinq minutes sans relâche. Dès que le minuteur a sonné, imaginez votre moi futur qui a de nombreuses réponses à vous transmettre. Dressez une liste des mots ou des phrases que votre moi futur vous offre. Prenez votre temps. Lorsque vous avez terminé, attachez le papier avec un ruban et asseyez-vous un instant tout en incarnant la Grande Prêtresse. Conservez le papier enroulé dans un endroit sûr. Ouvrez-le et lisez-le chaque fois que vous avez besoin de conseils.

Chemin de vie et évolution de l'âme

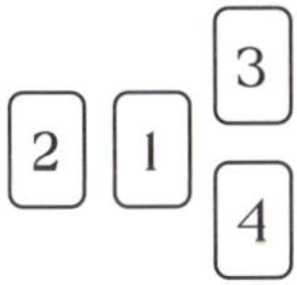

Tirage des choix de vie

À effectuer lorsque vous vous apprêtez à prendre une décision importante.

1. Que dois-je savoir ?
2. Que dois-je oublier ?
3. Que devrais-je faire ?
4. Qu'est-ce que je ne devrais pas faire ?

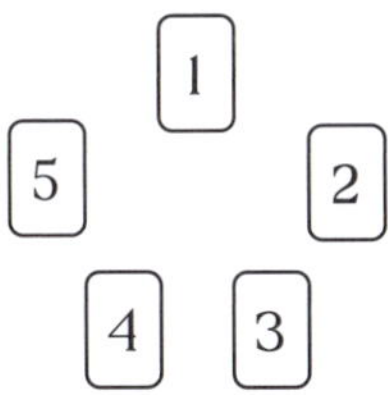

Tirage de l'âme sacrée

Pour entrer en contact avec l'aspect le plus profond et le plus élevé de soi-même.

1. Pourquoi suis-je ici ?
2. Qu'est-ce qui nourrit mon âme ?
3. Comment puis-je prendre au mieux soin de mon âme ?
4. Qu'est-ce qui essaie d'émerger ?
5. Quelle est la meilleure manière d'honorer qui je suis ?

Sortilège de l'allée du jardin

Lancez ce sort pour ouvrir le portail et entretenir votre chemin de vie.

Ingrédients : carte de l'as de Deniers, un avocat

Contemplez l'as de Deniers d'un regard léger en pensant à votre chemin de vie.

Réfléchissez à la direction que vous prenez. Ouvrez et mangez l'avocat tout en pensant à la richesse des présents qu'il contient et à la simplicité avec laquelle vous pouvez vous mettre en phase avec vos talents naturels. Lavez le noyau de l'avocat. Placez-le dans votre main (comme l'as de Deniers) et sortez à l'extérieur. En accordant vos pas avec votre respiration, marchez de façon rythmée sans avoir de point d'arrivée à l'esprit.

Déplacez-vous là où l'on vous appelle tout en marchant au rythme de votre respiration. Pensez à quelque chose que vous voulez manifester. Faites germer cette idée et plantez le noyau d'avocat dans de la terre meuble. Rentrez chez vous en vous sentant légère.

Rêves et communication avec les esprits

Tirage du travail des rêves

Examinez la signification profonde d'un rêve que vous avez fait.

1. Quelle est la sagesse de ce rêve ?
2. Qu'est-ce que mon inconscient veut me montrer ?
3. Que suis-je censée apprendre ?

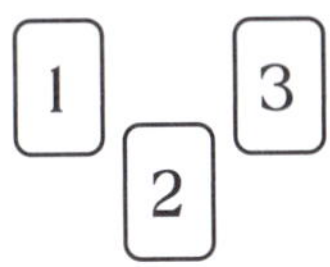

Rencontrer mon guide spirituel

Pour communiquer avec un guide spirituel.

1. Qui es-tu ?
2. Comment pouvons-nous travailler ensemble ?
3. Que vois-tu en moi que je ne vois pas moi-même ?

Sort pour éloigner un fantôme

Pour éloigner les esprits tapageurs de la maison ou pour se débarrasser d'une négativité accablante.

INGRÉDIENTS : carte de la Mort, trois haricots noirs, du sel

Imaginez ce qui vous tourmente. Complétez la phrase suivante : « ________, je te bannis de cette maison. Ne reviens pas. » Concentrez-vous sur la carte de la Mort. Imaginez que la figure de la Mort coupe le cordon énergétique de votre fantôme à l'aide de sa faux. Parcourez chaque pièce de votre maison avec la carte de la Mort. Répétez la phrase trois fois dans chaque pièce.

Ouvrez la porte d'entrée et retournez-vous. Lancez trois haricots noirs par-dessus votre épaule, en répétant la phrase à chaque fois. Déposez une fine ligne de sel devant votre porte d'entrée.

Présages et signes

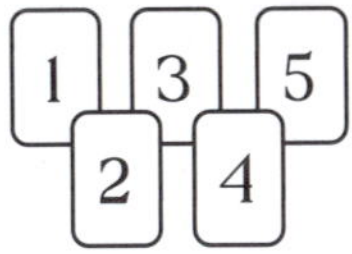

Tirage des présages

S'occuper de notre énergie personnelle apporte de nouvelles possibilités dans notre vie.

1. Quelle énergie m'entoure ?
2. Quelle vérité cachée est à présent révélée ?
3. Quel ajustement puis-je faire ?
4. Comment puis-je me faire plaisir ?
5. Comment puis-je me protéger ?

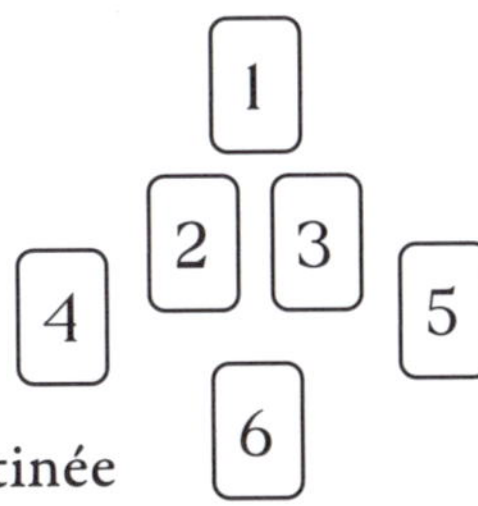

Tirage de la destinée

Prenez votre avenir en main.

1. Où vais-je aller ?
2. Comment puis-je y arriver ?
3. Que puis-je changer ?
4. Que puis-je libérer ?
5. Qu'est-ce qui échappe à mon contrôle ?
6. Sur quoi puis-je compter ?

Sortilège pour développer les facultés psychiques

Pour vous imprégner des pouvoirs intuitifs de la lune.

Ingrédients : carte de la Lune, encens sacré purificateur de votre choix, 6 gouttes d'huile essentielle de lavande, baignoire ou bassin rempli d'eau.

Allumez l'encens et faites passer la carte de la Lune entre les fumées. Concentrez-vous sur les entrelacs de fumée qui s'élèvent vers le ciel et imaginez les entrelacs de votre vision et de votre imagination personnelles qui se répandent vers l'extérieur. Remplissez la baignoire en y versant l'huile essentielle avant d'y entrer. Imaginez que la carte de la Lune se trouve au-dessus de vous, aussi grande que la baignoire. Ne faites plus qu'une avec la sorcière de la carte et appelez à vous tous les pouvoirs psychiques de la lune.

Conclusion

Voilà, ma petite sorcière. Un monde de magie – toute l'énergie de mon jardin, de mes fleurs, des aromates, des guides spirituels et des fées – repose maintenant entre vos mains.

Le Tarot du jardin de la sorcière est votre havre de paix où vous pourrez revenir encore et encore. C'est un lieu de repos et d'apaisement. Entretenez votre corps. Soyez prête à accueillir les surprises. Notez vos découvertes dans votre précieux grimoire. Interprétez les cartes pour les autres avec lyrisme. Accordez-vous quantité de plaisirs. Prenez soin de tout le monde grâce à vos dons. Collaborez avec l'énergie qui vous entoure. Explorez et amusez-vous. La magie est avant tout une discipline ludique !

Si vous avez besoin de moi, je suis là. Je reste votre compagnon de tous les instants.

Je suis toujours là, à l'intérieur de ces cartes, pour faire de la magie à vos côtés. Je vous connais depuis avant votre naissance et je serai avec vous longtemps après votre départ. Je peux voir chaque étincelle de magie qui est en vous. Vous êtes unique au monde.

Rapprochez-vous et écoutez attentivement car je dois vous confier un dernier secret de jardin avant de partir. Êtes-vous prête ?

Le secret, c'est vous.

C'est vous, la sorcière que le monde attendait. Personne ne sait ce dont vous êtes capable, même pas vous ! Vous pouvez trouver des indices, avoir des idées et des impulsions, mais c'est en vous surprenant vous-même à faire des choses inattendues que la magie opère le plus. Suivez votre désir et découvrez où il vous mène. Mettez-vous à l'épreuve. Saisissez les occasions que les autres laissent échapper. Voyez à travers le voile des deniers pour découvrir que les choses enfouies sont plus semblables sous la surface qu'elles ne le paraissent. Travaillez la frustration et la colère en les reconnaissant et en les libérant.

Ouvrez-vous à la complexité et à la biodiversité de la vie. Accueillez l'expérience. Recherchez ce que vous ne comprenez pas encore. Et surtout, faites de votre vie entière un enchantement en vous enracinant dans l'instant présent et en étant exactement qui vous êtes. Le monde a besoin de la douce caresse que procure votre magie. Explorez le mystère de qui vous êtes pour transformer le monde, à chaque changement de saison.

Le jardin de la sorcière est votre clé.

Le moment est venu d'ouvrir le secret qui est en vous.

Sans blesser quiconque, dans l'amour et la clarté,

Je déclare ce livre terminé.

Mais votre histoire ne fait que commencer...

PHOTOGRAPHIE PAR BILL BRADY.

Sasha Graham (New York) est l'auteure de plus de dix best-sellers et de coffrets de tarot dont *The Magic of Tarot, 365 Tarot Spreads, Llewellyn's Complete Book of the Rider-Waite-Smith Tarot* et le *Dark Wood Tarot*. Elle enseigne le tarot et organise des événements autour de cette pratique au sein des plus prestigieuses institutions culturelles de la ville de New York comme le Metropolitan Museum of Art. Sasha est apparue dans des films, à la télévision et a contribué à des émissions de radio et à des articles dans le *New York Times*.

PHOTOGRAPHIE PAR NATAŠA ILINČIĆ.

Nataša Ilinčić (Écosse) a été sélectionnée pour de nombreux prix et ses illustrations sont apparues dans des livres, des magazines, des jeux de rôle et sur des affiches. Elle expose ses œuvres dans plusieurs galeries comme, notamment, la House of Illustration à Londres et la Somerset House.